산업 및 조직심리 시리즈 2

능력중심 채용의 실행지침

Selection

— 과학적 채용을 위한 Guidebook —

ORP 연구소 저

기업의 경쟁력은 우수한 인재의 확보에 있으며, 그 출발은 채용이다. 채용은 단순한 인력 충원이 아닌, 기업이 필요로 하는 역량의 확보를 의미한다. 물론 역량의 확보가 채용을 통해서만 이루어지는 것은 아니지만, 기업이 필요로 하는 모든 역량이 교육과 훈련을 통해서 학습되는 것은 아니며 그 비용 또한 부담이 아닐 수 없다. 더욱이 최근에는 개인과 기업과의 적합성(Person-Organization-Fit) 및 직무와의 적합성(Person-Job-Fit)이 강조되면서, 기업은 우수한 인재(Excellent People)를 넘어 적합한 인재(Right People)를 채용하기 위해 노력하고 있다.

그러나 채용을 좋은 인재, 적합한 인재를 선발한다는 기업의 내부적 관점에서만 보아서는 안 된다. 채용은 인사관리(Human Resource Management)의 분야들 중 유일하게 외부인들을 대상으로 이루어지는 과정으로, 기업이 사회 일원으로서 사회 일반과 상호작용하는 중요한 소통 채널이기 때문이다. 이러한 이유에서 채용 과정에서 발생하는 이슈들은 기업 내부의 이슈가 아닌 사회적 이슈가 되고, 이로 인해 기업과 그 기업에서 제공하는 상품과 서비스에 대한 사회적 인식에 많은 영향을 미치게 된다. 따라서 채용은 기업의 입장에서 뿐 아니라, 사회적 변화를 민감하게 반영할 수 있어야 하며, 더 나아가 그러한 변화를 선도할 때 보다 존경받는 사회 구성원으로서 자리매김할 수 있게 되고, 결과적으로 기업 활동에 기여할 수 있게 된다.

　최근 정부의 능력중심사회 구현을 위한 정책적 노력, 국가직무능력표준(NCS)에 대한 관심 증가, 공기업을 중심으로 한 NCS기반 채용의 확대 등으로 인해 채용에 대한 관심이 빠르게 증가하고 있다. 이는 지속되는 경기침체로 인한 고용의 감소와 이로 인한 높은 청년 실업률의 문제, 그리고 우리 사회에 만연한 학력·학벌 중시의 관행과 취업준비생들의 불필요한 '스펙쌓기' 경쟁 등으로 인한 사회적 비용을 줄이고 국가경쟁력을 높이고자 하는 국가적 노력의 일환이지만, 궁극적으로 기업이 지향해야 할 '적합한 인재' 선발과도 일치한다.

　이와 더불어 우리 사회의 중요한 가치로서 공정성과 투명성에 대한 관심이 증가하면서 채용 결과로서의 우수한 인재의 확보 뿐 아니라, 채용 과정에서의 공정성과 투명성의 확보 또한 중요한 과제가 되었다. 이는 최근 취업난 심화에 따른 채용 의사결정 과정에 대한 지원자들의 관심 증가에 기인한 것이기도 하지만, 시민의식의 향상에 따른 사회적 성숙의 당연한 과정이기도 하다. 이미 많은 선진국들은 채용과정에서의 차별금지를 넘어 균등고용기회를 보장하는 법·제도적 기반을 갖추고 있다는 측면에서, 우리는 이제 출발선에서 몇 걸음을 내딛고 있다고 할 수 있다.

　이러한 사회적 변화가 기업의 채용에 있어서 그 어느 때보다도 많은 변화를 예고하고 있음에도 불구하고 많은 기업들은 아직 준비가 미흡한 실정이며, 이를 준비하고자 해도 도움이 될 만한 국내서적들을 찾아보기가 힘든 것이 사실이다. 채용과 관련된 대부분의 서적들은 취업준비생들을 대상으로 한 문제풀이와 팁(Tip) 제공에 초점을 두고 있으며, 채용담당자들을 위한 서적은 면접에서의 질문과 평가방법을 다루는 데 그치고 있다. 채용담당자들을 위한, 채용 전반에 걸쳐 어떻게 채용을 설계하고, 각 채용단계별로 무엇을 어떻게 준비해야 하는가를 다루는 서적들은 드문 실정이다.

이 책은 산업심리학적 지식과, 오랜 기간 동안 기업, 대학, 정부 등 다양한 분야에서의 채용과 평가에 대한 컨설팅을 수행해 오면서 쌓아왔던 경험과 전문성을 바탕으로 작성한 것이다. 이 책은 채용컨설팅을 제공하는 전문가들을 대상으로 하기보다는 기업의 채용담당자들을 대상으로 한다. 채용담당자들이 채용 전반에 대해 이해하고, 최근의 채용 이슈들을 접목할 수 있도록 함으로써, 채용업무 수행 시 전반적 지침으로서 활용할 수 있도록 하는데 초점을 두고 있다. 보다 타당한 채용도구들을 개발하고, 지원자들을 정교하게 평가하기 위해 필요한 인사선발, 심리측정, 성격심리 등의 다양한 전문지식을 다루고 있지는 않지만, 채용과정을 체계적으로 설계하고 효과적으로 운영하는데 필요한 원리들과 지식들을 다루고 있다. 많은 채용담당자들이 이 책을 통해 채용업무수행에 도움을 받고, 이를 통해 기업과 국가의 경쟁력 향상에 기여할 수 있기를 기대한다.

대표 저자 오동근·이영석

| 목 차 |

| 그림 목차 |

1장. 과학적 채용

채용1)은 모집2)과 선발3)을 포함하는 과정으로, 인사의 영역들 중 가장 적은 비용으로 가장 큰 효과를 낼 수 있는 중요한 영역이다. 특히 우수한 인재를 확보하는 것이 중요하다는 인식이 더욱 확산되는 최근의 흐름을 고려한다면 채용 업무는 매우 중요하다고 할 수 있다. 그럼에도 불구하고 지금까지 많은 기업들이 채용을 단순한 연례 행사처럼 인식하고 있는 것도 사실이다. 단적인 예로써 조직 내에서 상대적으로 직급이 낮은 직원들이 채용을 담당하고 있는 기업들을 어렵지 않게 찾아볼 수 있다. 또한 채용의 효과성을 향상시키기 위하여 투입되는 자원이 충분하지 않다는 점도 채용 업무에 대한 현실적인 인식을 잘 보여주고 있다. 지원자들을 충분히 평가하지 않고 채용을 한다면 이후에 문제가 발생할 가능성이 높다는 것은 매우 자명하다. 따라서 채용에 대하여 보다 심도 있는 고민을 해야 할 것이다.

채용을 통하여 조직에서 기대한 효과를 얻기 위해서는 채용에의 과학적 접근이 필요하다. 과학적 채용이란 채용의 과정이 과학적으로 이루어지는 것으로, 여기서 과학적이라는 표현은 체계적, 객관적, 합리적 등과 유사한 개념이며, 그 반대는 '우연에 의한' 이라고 할 수 있다. 다시 말하면 지원자들을 선발하는 것이 채용 과정에서 우연에 의해 결정되는 것이 아니라 체계적인 과

---

1) 공백인 직무에 대해서 사내외적으로 지원자를 공모, 탐색, 유입(또는 공모, 유인, 선별, 선발)시키는 일련의 과정을 말함(Wood & Payne, 1998).
2) 외부 노동시장과 내부 경영성과를 고려하여 기업의 내/외부에서 인력을 유인하는 과정을 말함.
3) 지원자를 대상으로 다양한 선발도구를 통해 최종 적격자를 선택하는 과정을 말함.

정에서 객관적이고 합리적인 기준에 따라 결정되는 것이 바로 과학적 채용이라 할 수 있다. 과학의 목적이 현상에 대한 이해와 설명을 넘어 미래를 예측하고 통제하는데 있는 것처럼, 과학적 채용의 목적은 지원자들을 이해하는 것을 넘어 채용되었을 때 실제로 조직 성과를 향상시키는데 있다.

과학적 채용을 위하여 고려해야 할 것들은 무엇일까? 주요한 것들을 정리해 본다면 우선 채용하고자 하는 인재상 또는 역량들을 명확하게 정의하고 인재상이나 역량들을 평가하기 위한 방법이나 도구들을 선정 및 개발하여 효과적이면서도 효율적인 채용 절차를 설계하여 적용하는 것이 필요하다. 또한 적용한 채용 절차가 적절했는지를 점검하여 향후 개선 사항들을 도출하는 것도 중요하다. 이러한 내용들을 조금 더 구체적으로 설명해보자. 첫째, 채용 시 활용할 인재상 또는 역량들을 정의할 때는 조직에 쉽게 적응하고 업무에서 성과를 높이면서도 교육을 통하여 쉽게 변화되지 않는 개인들의 특성을 파악해야 한다. 둘째, 인재상 또는 역량으로 도출된 것들을 평가하는데 적절한 채용 도구가 무엇인지 파악하여 적용하는 것이 필요하다. 예를 들면 기본적인 지적 능력이 중요한 인재상 중 하나라면 지적 능력을 평가하는데 적절한 적성 검사를 활용해야 한다. 셋째, 채용 시 활용하는 도구들을 각 채용 단계 또는 절차에 따라 적합하게 배치하고 이를 종합하여 전체적인 채용 전형을 설계하는 것이 중요하다. 마지막으로 이러한 채용 절차를 통하여 선발된 인력들이 조직 생활에 순조롭게 적응하면서 조직 성과에 기여하는지를 검증하여 향후의 채용 절차를 개선하는데 활용해야 한다.

왜 과학적 채용인가?

과학적 채용의 필요성이 대두되는 것은 채용과 관련된 내외부의 환경변화와 관련된다. 이와 관련된 보다 많은 이슈들이 있으나, 이 책에서는 구체적으로 공정성, 채용 브랜드, 인재 개념의 변화, 심리적 요인 등을 제시하고자 한다.

과학적 채용이 요구되는 가장 첫 번째 이유는 채용의 공정성에 대한 이슈이다. 채용의 공정성이란, 채용 의사결정의 근거가 타당한가의 문제이다. 즉, 채용 과정에서 높은 점수를 받은 사람들이 낮은 점수를 받은 사람들에 비해 높은 직무성과를 낼 것이라는 가정에 따라 이에 걸맞는 점수를 부여받은 증거가 있는가이다. 공정성의 문제는 법적인 문제와 관련된다. 미국은 1960년대 시민권법의 제정에 따라 채용 의사결정에서의 모든 차별을 금지하고, 고용에서의 균등기회를 강조하였으며, 미국 평등고용 기회 위원회(Equal Employment Opportunity Commission; EEOC)[4]를 설립하여 감시토록 하였다. 이에 따라 기업들은 채용의 모든 과정에서 사용하는 도구의 신뢰성과 타당성을 고려해야 했으며, 이는 단순히 기업의 윤리적 문제가 아닌 지원자들의 소송에 대한 법적 방어의 필수요건이 되었다.

국내에서도 점차 채용의 공정성이 중요시되고 있으며, 이는 단순한 지원자들의 의식수준의 향상을 넘어 점차 법적인 요건으로 확대되어가고 있다. 국가인권위원회는 2006년 7월 고용과 관련된 전분야에 있어서 차별을 금지하는 「차별금지권고법안」을 국회에 제출한 상태이며, 2007년 3월에는 노동부가 「연령차별금지 및 고령자고용촉진에 관한 법률」을 입법예고하여 2009년 3월부터는 모집과 채용에서, 2010년 5월부터는 모든 인사분야에서의 차별금지가 시행되었다. 또한 최근 공공기관을 중심으로 국가직무능력표준(National Competency Standards; NCS)[5]을 활용한 직무능력중심 채용이 확대되고 있는데 이는 채용 시 사용되는 평가 사항들이 직무 관련 요건에 집중되어 채

---

4) 미국 평등고용 기회 위원회 (Equal Employment Opportunity Commission ; EEOC) : 미국의 고용평등행정기구로서 1965년에 설치되었으며 고용기회평등법의 시행과 차별행위에 대한 조사, 구제를 담당하고 있는 연방기구이다

5) 국가직무능력표준(National Competency Standards ; NCS) : 산업현장에서 직무를 수행하기 위해 요구되는 지식・기술・소양 등의 내용을 국가가 산업부분별・수준별로 체계화한 것으로, 산업현장의 직무를 성공적으로 수행하기 위해 필요한 능력(지식・기술・태도)을 국가적 차원에서 표준화한 것을 의미한다 (참고: http://www.ncs.go.kr/)

용 의사결정의 공정성을 확보하려는 것으로 해석할 수 있다. 이러한 변화는 기업이 과거와 같은 "우리가 뽑고 싶은 사람을 우리 마음대로 뽑는" 채용 관행에서 벗어나지 않으면 안되는 시점에 와 있음을 의미한다.

둘째, 채용 브랜드의 이슈이다. 우수한 인재의 채용에 있어서 제일 처음 고려해야 할 이슈는 인재유인의 문제이다. 좋은 채용도구를 가지고 있다 할지라도, 진흙 속에서 "있을지 모를 진주"를 찾아내야 한다면 곤란하기 때문이다. 좋은 회사와 투자하기 좋은 회사가 일치하지 않듯이, 좋은 회사와 지원자들에게 인기 있는 회사가 반드시 일치하는 것은 아니다. 지원자들은 회사의 급여, 복리후생, 성장가능성, 기업 이미지, 기업문화 등을 고려한 채용 브랜드 이미지를 고려한다. 이러한 채용 브랜드 이미지 구축에 있어서 채용 시스템 또한 중요한 영향을 미친다. 지원자들은 기업의 내부 시스템에 대한 구체적인 정보를 갖고 있지 않기 때문에 본인뿐 아니라 선배나 친구 등이 체험한 채용 과정에 대한 이미지가 구전되어 채용 브랜드 이미지에 영향을 미치게 되는 것이다. 뿐만 아니라 SNS 등의 다양한 매체들을 통하여 채용 과정에서 경험은 잠재적인 지원자들에게도 쉽고 빠르게 공유되기 때문에 긍정적인 채용 브랜드를 확보하여 우수한 인재들이 관심을 갖도록 하는 것은 더욱 중요성이 커지고 있다.

지원자들은 객관적이고 공정한 채용 절차에 대해 높게 평가한다. 사람들은 누구나 예측가능성이 높은 것을 선호하며, 어느 누구도 공정하지 않다고 생각되는 채용과정에 대해서는 유쾌하지 않게 생각할 것이기 때문이다. 더욱이, 공정하고 객관적인 채용절차는 우수한 인재들의 채용가능성에 대한 예측을 높여줌으로써, 우수 인재의 지원을 촉진하게 된다. 즉, 운에 의해 채용되는 절차에서는 개인 능력에 상관없이 누구나 동일한 채용가능성을 가지므로 우수한 인재들의 지원을 억제하는 반면에 객관적이고 공정한 채용 절차에서는 우수한 인재들일수록 채용가능성이 높아지게 되므로 이들의 지원을 촉진하게 되는 것이다. 이는 특히 출신학교가 중시되는 현재와 같은 채용 풍토에서는 중상위권 학교의 우수 인재들을 유인하는데 중요한 요소라 할 수 있다.

셋째, 적합한 인재(Right People)의 이슈이다. 최근 채용에 있어서의 가장 큰 변화는 과거 학력 위주, 학벌 위주, 성적 위주의 말 그대로 "똑똑한 인재" 채용에서 기업의 문화와 업무 특성을 고려한 "적합한 인재" 채용으로 변화하고 있다는 것이다. 짐 콜린스는 "Good to Great"에서 적합한 사람들을 버스에 태우는 것이 매우 중요함을 강조한다. 적합한 사람들은 스스로 동기부여하고 최선의 성과를 이끌어내고자 노력하기 때문에 상사나 조직이 관리할 필요가 없다는 것이다. 여기서 말하는 적합한 사람들이란 해당 기업의 문화적 특성과 업무 특성에 적합한 인재들을 의미한다. 즉, 조직 적합성(Organization fit)과 직무 적합성(Job fit)이 모두 높은 인재를 의미한다.

최근에는 직무 적합성을 보다 더 강조하며 직무능력중심의 채용이 국가 차원에서 추진되고 있다. 직무능력중심 채용이란, 학력과 학벌, 어학성적 등을 포함한 다양한 형태의 불필요한 스펙(Over-spec)을 탈피하여 직무를 수행하는데 필요한 지식, 기술, 능력, 자격, 경력과 경험 등(On-spec)[6]을 통해 채용하는 것을 의미하는 것으로, 정부기관뿐만 아니라 민간기업에서도 확대 추진하고 있다. 구체적으로 불필요한 스펙(Over-spec)은 학력, 학벌, 어학성적 등을 의미한다기 보다 해당 직무와의 연관성에 따라 달라진다. 같은 스펙이라 할지라도 직무에 따라 불필요할 수도 있고 정당할 수도 있다는 의미이다.

개인의 학벌과 스펙은 직무수행능력을 대변하지 못하기 때문에 스펙에 대한 지나친 강조(특히, 서류평가 단계에서의)는 실력이 있음에도 불구하고 스펙이 부족할 수 있는 유능한 인재로 하여금 지원을 막거나 평가 기회를 박탈하게 되며, 이로 인해 스펙으로 포장된 유능하지 않은 인재의 잘못된 선발을

---

6) 오동근(2013), 스펙초월을 위한 선발의 방향과 과제, 한국산업 및 조직심리학회 추계 학술대회논문집, 한국산업 및 조직심리학회.

가져올 수 있으므로, 무분별하게 학벌과 스펙 중심으로 채용하는 것은 조직 입장에서는 손실이 아닐 수 없다.

과거에는 채용에서 개인의 성격적 요인을 반영하는 것을 꺼려왔던 것이 사실이다. 이는 성격이 어떻다고 해서 채용에서 배제하는 것이 옳은가에 대한 논란 때문이었다. 이러한 이유에서 성격의 반영은 매우 비정상적인 성격의 경우에만 한정해 왔다. 그러나, 인사에서 역량(Competency)의 확산과 조직문화에서의 핵심가치(Core Value)의 역할에 대한 인식은 성격의 중요성을 부각시켰다. 이는 대부분의 역량모델에서 등장하는 역량들이 성격적 요인과 관련되며, 기업들이 강조하는 핵심가치 또한 성격적 요인들(성격의 주요 요소인 가치, 욕구 등)로 구성되어 있기 때문이다. 더 나아가, 심리학에서의 적합성(Fitness)의 개념은 성격을 채용 뿐 아니라 평가, 승진, 리더십 등에까지 활용할 수 있는 근거를 보여주고 있다. 적합성이란 개인이 가지고 있는 장점이 해당 조직이나 업무에서 잘 발휘될 수 있는 정도를 의미하는 것이다. 이러한 개념은 과거 성격에 대한 일방적인 견해에서 양방적인 견해로의 변화를 가져왔다. 예를 들어 과거 외향적인 성격이 내향적인 성격보다 바람직하다는 일방적인 견해가 지배적이었다. 그러나 최근의 견해는 어떤 성격이라도 긍정적인 기능과 부정적인 기능을 동시에 할 수 있다고 생각한다. 외향적인 사람들의 예를 다시 들어보면, 사교적이고 적극적이지만 세부적인 것에 주의를 기울이지 않거나 반복적인 업무에 쉽게 싫증을 내는 특징이 있다. 따라서 외향적인 사람들은 타인과의 상호작용이 자주 발생하고 활동적인 업무에는 잘 적응하며 높은 성과를 낼 수 있지만 꼼꼼하게 검토해야 하고 혼자서 수행해야 하는 업무에 있어서는 실수를 자주 하게 되거나 적응하는데 많은 어려움을 겪을 수 있다. 이를 조금 더 확대한다면 조직의 특성에 따라 외향적인 사람들이 더 적합할 수도 있고 내향적인 사람들이 더 적합한 경우도 있다는 것이다. 따라서 외향적인 사람들이 적합한 조직이나 업무에서 내향적인 사람들을 탈락시키는 것은 단순히 해당 조직의 선호나 일반적인 인식이 아닌, 조직의 성과를 높이는데 필요한 적합한 인재를 채용한다는 것으로 설명할 수 있게 된다. 또한 지원자들의 입장에서도 본인에게 보다 적합한 조직이나 업무를 선택할 수 있도록 함으로써 회사나 일에 대한 만족도를 향상시키고 나아가 개인의 성장이나 행복에도 긍정적으로 작용할 수 있게 한다. 이러한 입장은 기업이 자신들의 조직과 업무 특성에 맞는 적합한 인재상 또는 역량을 선정해야 함을 전제로 하며, 이는 과학적 채용의 기초가 되는 것이다.

넷째, 심리적 측면의 이슈이다. 개인이 가지고 있는 심리적 특성들은 매우 다양하다. 여기서 말하는 심리적 특성은 개인들이 가지고 있는 지식이나 기술뿐만 아니라 가치관, 동기, 성격 등도 포함하는 개념이다. 그런데 이러한 다양한 특성들 중 어떠한 것들은 변화가 상대적으로 쉬운 반면 다른 어떠한 것들은 변화가 거의 불가능한 경우도 있다. 예를 들어 설명해보자. 대부분의 회사들에서는 구성원들에게 팀워크의 중요성을 강조하고 있기 때문에 신입사원 연수 뿐만 아니라 다양한 직급 필수 교육에서도 팀워크를 교육시키고자 노력하고 있다. 그런데 팀워크 등과 같은 심리적 측면의 변화가 한 두 차례의 교육으로 쉽게 변화되지 않을 것이라는 점은 교육 종사자 뿐만 아니라 대부분의 사람들이 쉽게 예상할 수 있을 것이다. 이것은 교육의 효과성 차원이 아닌 인간 본래의 근본적 특성으로 인하여 나타나는 매우 당연한 현상으로, 기업이 교육을 통해 변화시키고자 하는 특성들의 대부분은 변화하기 어려운 성격적 요인이기 때문이다. 그렇다면 어떤 성격들이 변화 가능하고 어떤 성격들이 변화하기 어려울까? 이 질문은 채용 장면에서 꼭 검증해야 할 성격요인은 무엇인가에 대한 질문과 일맥상통한다고 볼 수 있다.

인간의 성격은 50%가 유전적으로 결정되고 50%가 학습된다(Hogan, 2010)[7]. 출생 시 타고나는 성격은 기질(Temperament)이라 하며, 이는 개인

---

7) Robert Hogan , Personality and The Fate of Organizations 2007. 성격과 조직의 성

성격의 기초가 된다. 대표적인 기질로는 사교성(Sociability; 사람들과의 접촉을 좋아하는 특성), 정서적 안정성(Emotional Stability; 기분이나 감정이 일관성이 있고 안정적인 특성), 반응성(Impulsivity; 겁이 없고 행동이 재빠른 정도) 등이다. 여기에 더하여 쾌활함이나 소심함과 같은 특성들도 상당부분 유전적 영향이 강하다. 이러한 특성은 인간의 일생을 거쳐 변하지 않는 특성이다. 학습을 통해 형성되는 성격들 중에서도 쉽게 변하지 않는 특성들이 있다. 어릴 때 형성되는 성격일수록 변화하기가 어려운데, 대표적인 특성이 조직이나 상사에 대한 충성심, 일에 대한 성실성, 어려움 속에서의 적응성 등이 그것이다. 영아기적 부모와의 관계에서 부모가 얼마나 애정을 가지고 따뜻하게 대해주었는가에 따라서 자존감과 권위에 대한 태도가 형성되는데, 성인기에 이르면 자존감은 자신에 대한 믿음과 역경을 참고 견디는 적응성과 연관되며, 권위에 대한 태도는 성실성, 조직과 상사에 대한 충성심 등으로 전환된다. 따라서, 자존감이나 성실성과 같은 초기 발달 단계에 형성되는 성격 특성들은 성인기에 변화되기 어려우므로 채용 장면에서 선별해낼 수 있어야 할 것이다.

과학적 채용의 프로세스

과학적 채용이 이루어지기 위해서는 선발에서 평가하고자 하는 요소와 그 요소를 평가하기 위한 타당한 도구가 명확히 규명되어야 하고, 평가도구들이 적합한 순서와 프로세스에 따라 채용 전형으로 구조화 되어야 한다. 선발에서 파악해야 할 요소는 조직의 핵심가치와 직군별 공통역량이 고려되어야 하며, 각각 능력적 측면과 인성적 측면이 모두 포함되어야 한다. (선발 평가요소 규명의 구체적인 방법은 다음 장에서 다루기로 하겠다.) 선발 평가요소가 선정되면, 각 요소들을 능력적 요소와 인성적 요소로 구분하고, 능력적 요소를 세

패. 이영석, 오동근, 오인수 역. 서울: 시스마 프레스, 2010.

부 분석하여 보다 근본적인 기초 인지적 능력(즉, 적성 요소)을 추출한다. 마지막으로, 이들 선발 요소들을 가장 잘 측정할 수 있는 평가도구들을 선정한 뒤, 가장 효과적인 조합으로 채용 프로세스를 설계한다.

그림 1-1. 효과적 채용 프로세스

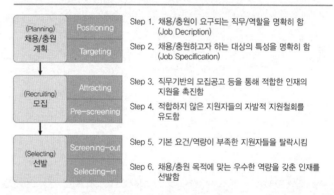

효과적 채용 프로세스

(Planning) 채용/충원 계획	Positioning	Step 1. 채용/충원이 요구되는 직무/역할을 명확히 함 (Job Decription)
	Targeting	Step 2. 채용/충원하고자 하는 대상의 특성을 명확히 함 (Job Specification)
(Recruiting) 모집	Attracting	Step 3. 직무기반의 모집공고 등을 통해 적합한 인재의 지원을 촉진함
	Pre-screening	Step 4. 적합하지 않은 지원자들의 자발적 지원철회를 유도함
(Selecting) 선발	Screening-out	Step 5. 기본 요건/역량이 부족한 지원자들을 탈락시킴
	Selecting-in	Step 6. 채용/충원 목적에 맞는 우수한 역량을 갖춘 인재를 선발함

지금까지 일반적으로 활용되어 온 채용 프로세스는 서류전형, 인·적성검사, 면접의 3단계였다. 많은 경우에 면접을 1차 면접(팀장 면접)과 2차 면접(임원 면접)으로 구분하여 시행하고 있으며 일부 조직에서는 인·적성검사 단계가 없이 서류전형 이후에 2차 또는 3차에 걸친 면접이 이루어지기도 한다. 이러한 경우 채용 프로세스는 4단계가 된다. 일반적으로 채용 단계와 평가에 사용되는 도구들이 많아질수록 평가의 정확성을 높일 수 있는 장점이 있으나, 채용이 진행되는 과정에서 지원자들이 자발적으로 탈락할 가능성이 높은 단점이 있다. 반면, 여러 채용 전형들에서 지원자들의 특정 역량만을 반복하여 측정한다면 채용 단계만 많아질 뿐 평가의 정확성이 크게 향상되기 어렵다. 또한 인·적성검사를 생략하고 면접만으로 채용 의사결정이 이루어진다면 지원자들의 잠재능력 및 폭넓은 인성적 평가가 없게 되므로 채용을 위한 의사결

정에서 문제가 발생할 여지도 있다.

그림 1-2. 평가요소의 중복성에 대한 벤다이어그램

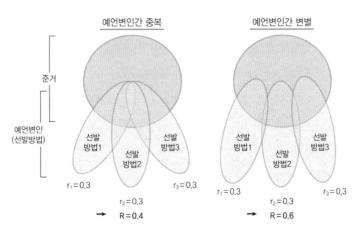

보다 과학적인 채용 절차를 설계하기 위해서는 우선 선발 시 평가할 인재상 또는 역량들을 체계화하고 정교화 할 필요가 있다. 또한 채용 전형에서 최소한 네 가지 평가 방법(서류 전형 및 지원서 평가, 인·적성검사, 구술 면접과 시뮬레이션 면접)들을 활용할 것을 권장한다.

서류 및 지원서 평가에서는 업무 수행을 위한 최소한의 요건들(Minimum Requirement)을 검증하고 조직에서 요구하는 핵심 가치나 인재상에 대하여 평가할 수 있다. 기존의 서류 및 지원서 평가는 소위 말하는 "스펙"을 검증하는 형식적인 기능만을 제한적으로 수행하였다. 그러나 보다 과학적인 역량기반 지원서를 개발하여 활용함으로써 서류 전형 단계의 효율성을 향상시킬 수 있다. 인·적성검사는 직무관련 기초 인지능력을 통한 잠재력 및 인성을 통한 조직 적합성과 직무 적합성 평가로 구성된다. 구술 면접은 지원자들의 인성적 차원 또는 직무 관련 차원들을 종합적으로 판단할 수 있으며 최근에는 지원자들의 경험을 중심으로 구조화된 형태의 면접을 자주 활용하고 있다. 마지막으로 시뮬레이션 면접은 간단한 모의 상황을 지원자들에게 제시하고 이를 해결하는 과정, 논리, 결과물 등을 평가함으로써 주로 직무 관련 역량들을 평가하게 된다.

이러한 채용 단계의 수효, 단계별 평가요소 및 평가 방법 등의 설정이 이루어지는 채용 프로세스 설계 시 고려해야 하는 기본 원칙 중 하나는 증분적 타당도이다. 즉, 채용과정의 각 단계들은 보다 정교하고 타당성(즉, 직무수행에 대한 예측력)이 높은 도구일수록 채용단계의 뒤에 배치하는 것이 적합하다. 이렇게 하는 이유는 정교하고 타당성이 높은 도구일수록 노력과 비용이 많이 요구되는 경향이 있기 때문이다. 상대적으로 비용이 저렴하고 노력을 덜 들여도 되는 방법을 통하여 일정 비율을 탈락시킨 후 비용이 상대적으로 높은 정교한 도구를 활용하는 것이 채용 과정을 효율적으로 설계할 수 있도록 한다. 즉, 굵은 채를 이용하여 대략적으로 거른 후에 보다 더 정교한 채를 사용하는 것이 보다 효과적이다.

그림 1-3. 단계 별 평가 요소 및 방법

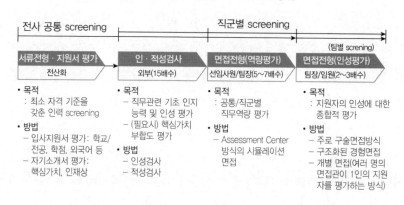

두 번째로 고려해야 할 것은 평가 도구의 적용가능 인원 규모이다. 아무리 정교하고 타당성이 높은 도구라 할지라도, 너무 많은 비용과 시간을 필요로

하면 문제가 있기 때문이다. 서류전형 및 지원서 평가는 대규모 지원자들을 평가하는데 적합한 선발 절차이며, 인·적성검사는 중규모 지원자 평가에 적합한 선발 절차이고, 구술 면접이나 시뮬레이션 면접 방식은 소규모의 지원자를 평가하는데 보다 적합하다. 따라서, 구술 면접이나 시뮬레이션 면접을 대규모의 지원자들에게 적용하는 것은 비용대비 효율성이 매우 낮을 수 있다.

세 번째 고려 사항은 단계적 의사결정의 원칙이다. 채용 과정의 단계들은 허들 넘기의 과정이 되어야 한다. 즉, 이전 단계를 넘지 못한 지원자들은 다음 단계에 응시할 수 없도록 해야 하는 것이다. 이는 모든 지원자가 모든 과정의 평가를 받게 될 때 소요되는 비용 측면이 부담스러운 문제도 있으나, 그보다는 각 단계에서 평가하고 있는 평가요소들이 상호 보완적이지 않다는데 더 큰 문제가 있다. 즉, 잠재적 능력, 직무역량, 인성 등은 어느 것 하나도 없어서는 안될 중요한 요소이며, 따라서 아무리 인성이 뛰어나더라도 직무역량이 부족하거나 잠재적 능력이 부족하다면 적합한 인재가 될 수 없기 때문이다.

마지막으로 고려해야 할 것은 선발률이다. 선발률이란 최초 지원자 대비 최종 합격자의 비율로도 정의되기도 하지만, 각 채용 단계를 통과하여 다음 단계로 넘어가는 사람들의 비율을 의미하기도 한다. 각 단계에서의 적절한 선발률은 2.5:1 내외이다. 한편으로는 하나의 평가도구로 너무 많은 사람들을 탈락시킴으로써 발생할 수 있는 오류의 가능성을 최소화하고, 다른 한편으로는 탈락률이 너무 낮음으로써 발생할 수 있는 시간과 노력의 낭비를 줄이기 위함이다. 단, 서류전형·지원서평가 단계는 예외이다. 이 단계는 본격적인 채용 절차를 적용할 대상자들을 선발하기 위한 단계로, 최종 합격자 수와 각 단계별 선발률을 고려했을 때의 인·적성검사 대상자 수에 맞추어 합격자를 선정하면 된다. 그러나 너무 많은 지원자들이 응시하여 서류전형 단계에서 90% 이상이 탈락하게 된다면 회사로서는 부담일 수밖에 없기 때문에 이에 대한 대책이 있어야 할 것이다.

2장. 채용 인재상의 정립

채용은 단순히 지원자들을 합격자와 불합격자로 구분하는 과정이 아니다. 채용의 핵심은 합격하고자 최선의 노력을 다하는 지원자들 중에서 조직이 원하는 인재를 가려내는 것이고, 따라서 그 첫 번째 단계는 채용하고자 하는 인재상을 명확히 하는 것이다. 즉, 채용하고자 하는 조직과 직무의 특성 등을 고려하여 향후 성공적인 직무수행과 조직적응이 예측되는 인재상을 구체화하는 것이다. 이러한 채용의 인재상은 조직 입장에서 뿐 아니라, 지원자들 입장에서도 자신이 가진 특성이 지원하고자 하는 조직에 적합한지 파악할 기회를 제공한다는 점에서도 중요한 의미를 갖는다.

채용 인재상은 신입사원과 경력사원에 따라 다소 차이가 있을 수 있지만 조직이 요구하는 바람직한 구성원의 모습이자, 여러 지원자들 중 어떠한 사람을 선발할 것인지에 대한 답변이다. 이중 특히 신입사원 채용을 위한 인재상 설정에서 고려해야 할 두 가지 중요 요소는 핵심 가치와 공통 역량이다.

핵심 가치의 의미와 정립

조직에는 구성원들이 일하는 방식을 정의하는 핵심 가치가 있다. 핵심 가치는 조직문화의 핵심적 요소로 구성원들의 업무수행 관련 판단과 의사결정의 토대가 된다. 핵심 가치가 명시적으로 규명되어 있는 경우도 있고, 그렇지 않은 경우도 있다. 명시적이든 묵시적이든 조직에는 공통적으로 중시되는 가치가 있고 이러한 가치는 구성원 행동의 준거로 인식되어야 한다. 채용 인재상에 핵심 가치가 포함되어야 하는 이유는 지원자들의 문화적 적합성 또는 조직 적합성을 파악해야 하기 때문이다. 조직의 핵심 가치가 명확할 때에는 그것을 정의된 바에 따라 활용하면 된다. 반면 명확히 규명되어 있지 않을 때에는 핵심 인력들(예를 들어, 핵심임원계층)의 공통적 가치를 측정하여 채용 인재상에 반영할 수 있다. 대개 핵심 가치에 대한 평가는 주로 가치부합도 검사나 면접을 통해 이루어질 수 있다. 대표적인 가치부합도 검사로는 성격과학 분야의 대가인 R.B. Hogan 박사의 MVPI(Motives, Values, Preferences Inventory) 검사와 Rokeach의 가치 척도를 들 수 있다.

공통 역량의 의미와 정립

조직에는 또한 구성원들이 공통으로 갖추어야 할 역량인 공통 역량이 있다. 공통 역량은 직무수행과 연계되기 때문에 회사 전체보다는 직군별 공통역량의 형태로 정의하는 경우가 많다. 일부 조직은 핵심 가치와 혼용해서 사용하거나 핵심 가치가 잘 발휘된 행동을 공통 역량으로 규정하기도 한다. 이는 회사 전체의 공통 역량을 핵심 가치로부터 추출하거나 또는 핵심 가치가 가치적 측면보다는 태도적, 성격적, 또는 역량적 측면을 강조하는데서 나타나는 결과이다. 예를 들어, "일등주의", "고객지향" 등은 가치이지만, "열정", "실행력" 등은 성격적 측면이라 할 수 있다. 이에 대한 논의가 조직의 가치체계 및 역량체계에 있어 매우 중요하나, 채용의 이슈에서 벗어나므로 더 이상 다루지 않기로 한다.

공통 역량은 지원자들의 직무 적합성을 파악하는데 자주 활용되고 있다. 아래 그림 2-1에 제시된 바와 같이 업무역량은 직무성과를 가장 잘 예측할 수 있는 예언변인이다. 그러나 신입사원들의 경우 업무수행에 대한 경험이 없으므로, 직접적으로 업무역량을 평가하기가 쉽지 않다. 따라서, 이에 대한 대안으로서 업무역량을 예측해줄 수 있는 지원자들의 업무관련 기초역량을 측정하는 것이 필요하다. 이러한 기초역량에 포함되는 것이 기초능력과 직무관련 인성이다. 기초능력은 노동법, 재무제표, 프로그램 언어 등에 대한 지식과 같은 직무지식, 언어이해력, 자료해석력, 상황판단력 등과 같은 기초 인지능력이 포함된다. 직무지식은 지원서를 통해 평가할 수 있으며, 기초인지능력은 적성 검사(Aptitude Test)를 통해 평가할 수 있다. 직무관련 인성은 성격, 태도, 흥미 등으로 구성된다. 예를 들어, 영업직에는 사교성, 성취지향성, 자신감 등이 요구되며, 연구직에는 신중성, 분석적 사고, 완벽주의 등의 성격적 특성이 요구된다. 이러한 특성들은 인성검사를 통해 가장 잘 측정될 수 있다. 직업장면에서 사용할 수 있는 대표적인 인성검사로는 HPI(Hogan Personality Inventory) 검사 등이 있다.

그림 2-1. 선발평가의 영역과 선발평가 방법

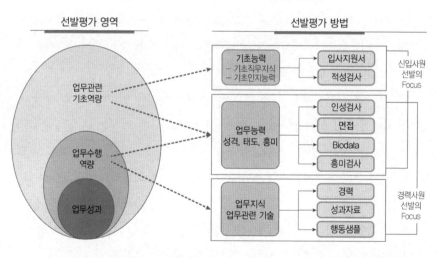

물론 신입사원들에게서 업무수행과 관련된 역량들을 직접적으로 평가하는 것이 불가능한 것은 아니다. 업무수행이 이루어지는 상황과 맥락 및 관련 정보들을 충분히 제공하고 주어진 상황에서의 문제해결 과정을 평가하는 시뮬레

이션 면접 방식을 활용한다면 어느 정도 평가가 가능하다. 다만 직무의 특수성을 지나치게 적극적으로 반영한다면 신입사원들에게 기대하기 어려운 상황이 제시되어 오히려 역량 평가가 어려울 수도 있다. 즉, 직무 상황을 많이 반영할수록 직무 관련 역량 평가가 보다 정교해질 수 있지만 어떠한 경험도 없는 지원자들에게 지나치게 구체적인 직무 상황이나 정보를 제공하는 것은 오히려 문제를 발생시킬 수도 있다. 이러한 이유로 신입사원들을 대상으로 실시하는 시뮬레이션 평가는 기초능력에 대한 평가 및 업무관련 인성에 대한 평가와 상호 보완적으로 사용되는 것이 바람직하다.

신입사원 채용과 달리 경력사원 채용에 활용되는 역량들은 주로 업무 수행과 관련되어 있다. 조직에서 경력사원을 채용하는 다양한 이유가 있는데 그 중 가장 중요한 것은 별다른 사전 교육이 없이 필요한 업무에 즉시 활용하려는 것이다. 따라서 경력사원 채용에서는 신입사원 채용 시 활용되는 일반적인 인재상 보다는 구체적인 업무 관련 전문성이 중요하게 간주된다. 이 때 평가되는 전문성은 인재상 또는 핵심 가치를 도출하는 담당 부서에서 결정하는 사항이 아니라 채용 이후 배치될 해당 부서에서 판단하는 것이 가장 바람직하다.

하지만 경력사원 채용 시에 전문성만을 평가하지는 않는다. 채용 예정인 경력 사원의 직급에 따라 관리 업무에 필요한 역량들을 평가할 수 있다. 예를 들어 팀장급 경력사원을 채용하는 경우 원활한 업무 추진을 위하여 필요한 해당 업무 관련 전문성들이 검증되어야 하며 동시에 여러 팀원들을 이끌어가기 위한 리더십 보유 여부도 고려해야 한다. 따라서 경력사원을 채용할 때는 직무 전문성 및 직급에 따른 리더십 (또는 역할 기대)도 모두 평가해야 한다. 이를 위하여 기존에 리더십 역량으로 도출한 것들을 활용할 수 있다. 조직의 상황에 따라 직급 별 리더십 역량이 명확하지 않은 경우가 있는데 이 때는 신입사원 채용을 위한 핵심 가치 도출 방식과 마찬가지로 핵심인력들의 견해와 생각을 반영하여 구체화하는 것도 가능하다.

3장. 모집과 모집공고

모집의 의미와 바람직한 모집 방향

선발이 지원자들을 평가하여 조직과 직무에 적합한 인재들을 선별하는 과정인 반면, 모집은 조직이 필요로 하는 적합한 인재(Right People)들을 유인하는 과정이라 할 수 있다. 적합한 인재의 개념은 조직 입장에서의 일방적인 개념이 아닌 조직과 지원자간의 적합성(Fit)을 중시하는 양방향적인 개념이다. 따라서 조직이 원하는 인재들 중에서 조직과 직무여건을 고려하여 충분히 입사의지를 가지고 있는 인재들이 지원하도록 유인하는 것이 모집의 목적이 되어야 한다. 즉, 모집의 핵심은 적합한 인재들을 우리 조직에 지원하도록 하는 것이다. 이는 단순히 양적으로 많은 지원자들이 지원하도록 하는 것을 의미하지는 않는다. 너무 많은 지원자들은 선발의 비용을 높일 뿐 아니라, 선발의 결과가 진점수(즉, 진정한 모습) 외에 오차점수(즉, 그날의 컨디션이나 우연 등)에 의해 결정될 가능성을 높임으로써 선발의 타당성을 낮추게 되고, 더 나아가 조기 이직률이 높아지는 결과를 가져올 수 있다. 따라서 적은 수의 인원이라도 조직이 필요로 하는 인재들이 지원할 수 있도록 모집이 이루어져야 한다.

성공적 모집 전략

적은 수의 인원이라도 조직이 필요로 하는 인재들이 지원하도록 하기 위해서는 적합한 전략이 필요하다. 단순한 회사 및 채용 방법 소개 이상의 정보 제공이 필요하며, 일종의 '홍보' 과정이 이루어져야 한다. 즉, 자사에 지원해 주기를 기대하는 지원자들을 타겟으로 하여 이들이 회사 선택 시에 고려하는 요소들을 효율적으로 홍보할 수 있어야 한다.

이를 위해서는 첫째, 조직이 요구하는 인재가 어떤 인재인지에 대하여 명확하게 제시해야 한다. 이는 조직의 입장을 반영한 것으로 채용인재상을 명확히 제시함으로써 지원자들을 유인하기 위한 전략이라 할 수 있다.

둘째, 지원자들이 입사 후에 수행하게 될 업무의 특성 및 업무수행 요건(업무에서 주요하게 필요로 하는 지식, 기술, 태도 등)에 대하여 현실적으로 제시해야 한다. 이는 지원자들의 관심을 반영한 것으로, 지원자들이 조직을 선택하는데 중요하게 고려하는 사항들과 입사 후 수행하게 될 업무들에 대한 정보를 제공함으로써 지원자들 스스로가 자신이 몸담을 조직을 선택하는 것을 돕기 위한 전략이다.

셋째, 채용 대상과 홍보 인프라를 고려하여 복수의 적절한 채널을 선택하여 홍보를 실시해야 한다. 이는 지원자들의 접근성을 고려한 것으로 다양한 모집 홍보 채널을 활용함으로써 지원자들이 채용관련 정보를 보다 더 수월하게 접근할 수 있도록 하기 위한 전략이다. 모집 홍보 채널별 주요 특징은 그림 3-1과 같으며, 채용 대상 및 홍보 인프라에 따라 적절한 채널을 선택할 수 있다.

그림 3-1. 모집 홍보 채널별 주요 특징

모집 홍보 채널	타겟	용이성	비용
기관 홈페이지	넓음	쉬움	적음
채용포털	매우넓음	쉬움	많음*
취업사이트(워크넷, 일모아)	넓음	쉬움	적음
대학교 학과사무실	좁음	보통	적음

모집 홍보 채널	타겟	용이성	비용
대학교 취업지원센터	보통	보통	적음
채용박람회	보통	어려움	많음
캠퍼스 리크루팅	보통	어려움	많음
헤드헌팅	좁음	보통	많음
인터넷 취업카페	보통	보통	적음
인재풀 등록	좁음	쉬움	적음
한인 유학생회 홈페이지	보통	보통	적음
해외 대학교 학생회	보통	보통	적음
장애인 고용포털	좁음	쉬움	적음

일반적 모집공고문의 구성

모집 단계에서는 다양한 채널을 통해 기업의 모집공고문을 게시한다. 모집 공고문을 통해 지원자에게 채용분야 및 형태, 채용전형 절차 및 일정, 우대사항 및 제출서류, 기타 복리후생 등에 대한 상세한 정보들을 자세히 안내해준다. 기업에 따라 다르지만 일반적인 모집공고문의 구성요소는 그림 3-2와 같다. 지원자는 모집공고문을 보고 지원을 할지 말지를 결정하고, 지원하기로 결정한 후에는 어떻게 준비를 해야할지 계획을 세우게 되므로, 지원자에게 충분한 정보 제공이 이루어져야 한다.

그림 3-2. 일반적 모집공고문 구성 요소

구 분	항 목	내 용
채용분야 및 형태	채용분야/ 세부분야	채용이 이루어지는 단위
	수행직무	수행직무 개요 및 세부 업무 내용
	채용직급	신입/경력(대리, 과/차장 등)
	채용형태	정규직/계약직/인턴 등 채용형태
	채용인원	채용분야 별 채용인원
	응시자격	최소 자격 요건

구 분	항 목	내 용
	근무지역	실제 근무하게 될 지역("시/군" 단위)
채용전형 절차 및 일정	채용절차	서류-필기-면접 등의전형절차
	일정	전형별 세부 일정
	장소	필기 및 면접전형 장소
	비고	서류전형 : 채용시스템 URL 필기전형 : 필기시험 과목명 면접전형 : 면접 절차/기법
우대사항 및 제출서류	취업지원대상자	해당되는 경우
	장애인	해당되는 경우
	지역인재	해당되는 경우
	자격증	입사지원서에 기재한 자격증
기타	채용일자	합격 후 실제 입사 일자
	복리후생	기관의 복리후생 사항
	결격사유	결격사유
	문의처	채용담당자 연락처

직무중심 모집공고문의 특징과 기대효과

최근의 많은 기업에서는 직무중심의 채용이 강조되면서 모집공고문에 채용분야별 수행직무 및 세부 업무 내용, 수행직무 요구 지식, 기술, 태도 등에 대해 상세히 명시하는 사례가 늘고 있다. 많은 기업에서 적용하고 있는 일반적인 모집공고문에는 채용전형에 대한 안내가 주를 이루고 있는 것과 달리, 직무중심 모집공고문은 입사이후, 지원자가 수행하게 될 직무와 관련된 정보들을 기술하고 있다.

이러한 직무중심 모집공고문을 통해 기대되는 이점은 다음과 같다.

첫째, 모집공고문에서 사전에 직무수행 요건을 명시하고, 그것을 평가한다는 것을 공지함에 따라 맹목적으로 지원해서는 안된다는 인식을 하게 한다.

둘째, 지원자가 지원 분야에 성공적으로 입사하기 위해 자신이 갖추고 있는

요소와 부족한 요소들을 스스로 점검해봄으로써 지원할 것인지 여부에 대한
의사결정을 내릴 수 있다. 이를 통해 기업 입장에서는 허수지원자의 자진 철
회를 유도할 수 있게 된다.

셋째, 지원자가 사전에 직무 특성 및 직무 수행 요건에 대한 준비를 할 수
있도록 돕는다. 지원자는 지원하고자 하는 직무를 성공적으로 수행하기 위해
어떤 부분을 개발해야 할지를 알 수 있다. 이를 통해 기업 입장에서는 적합한
인재의 '선확보'가 가능해질 수 있다.

현실적 직무소개 반영 모집공고문의 특징과 기대효과

한편, 보다 최근에는 모집공고문에 직무수행과 관련된 긍정적인 정보 뿐만
아니라 부정적인 정보를 포함하는 것의 필요성이 대두되고 있다. 이를 현실적
직무소개(Realistic Job Preview ; RJP)[8]라고 하는 데, 일방적으로 긍정적
인 직무정보만을 제공하거나 심지어는 다소 과장된 정보를 제공하는 것의 폐
단으로 인해 대두되고 있는 개념이다. 즉, 기존의 긍정적 정보 중심의 직무소
개는 지원자들로 하여금 비현실적인 기대를 갖게 하고, 이로 인해 입사 후 실
망감과 배신감을 갖게 하여 직무만족과 수행을 저해하고 이직률을 높이는 결
과를 가져올 수 있다는 것이다. 시간이 지나면 적응하게 된다고 하지만 출발
부터 조직에 대한 불신을 갖게 하는 것이 바람직하지 않음은 분명하다. 그러
나 지원자들은 긍정적 정보보다는 부정적 정보에 더 민감하게 되고, 따라서
현실적 직무소개에서 제공하는 부정적 정보가 우수한 지원자들의 지원을 꺼리
게 할 수 있다. 이에 대한 한 가지 해결방안은 긍정적 정보는 현실적으로 제
공하되 부정적 정보는 도전적인 형태로 제시하는 방법이며, 또 다른 방법은
직무정보를 해당 직무에 종사하는 최근 입사자들의 경험담 형태로 제공하는

---

5) 현실적 직무소개(Realistic Job Preview ; RJP) : 모집과정의 전후에 걸쳐 지원자에게 조
직과 직무에 대한 정확한 정보를 제공하는 것을 의미한다

방법이다. 해당 직무 종사자들의 자기 직무에 대한 기술이 부정적 정보의 영향을 감소시키면서 동시에 HR부서에서 제공하는 정보보다 지원자들에게 더 높은 신뢰를 가져다준다는 연구결과들이 있다.

그림 3-3. 지원자들을 유인하기 위한 고려 요소

지원자들의 회사 선택시 주요 고려 요소	현실적 직무소개에 포함되어야 할 내용
• 수행하게 될 업무의 내용과 특징 • 함께 일할 사람들의 특징 • 교육 및 훈련의 기회 • 승진 기회 • 급여 • 고용 안정성 • 근무 환경 • 조직의 평판/이미지 • 지리적 위치 • 기대 근무 시간(평균적 퇴근시간 및 주말근무 빈도 등) • 복리후생	• 해당 직무의 일반적인 특성 • 해당 직무를 수행하는데 요구되는 지식, 스킬, 성격 특성 • 해당 직무에서 지원자가 수행해야 할 과제들의 유형 • 지원자가 상대해야 할 내부 또는 외부 고객들의 유형, 정도, 방법 • 지원자가 해당 직무 수행에서 경험하기 쉬운 정서적 희생 • 직무수행 과정에서 받을 수 있는 회사로부터의 지원 • 해당 직무수행과 직접적으로 연계된 보상관련 정보

물론 최근과 같이 취업난이 심각하여 "어디라도 들어가고 보자"는 상황에서는 현실적 직무소개의 필요성이 적을 수 있다. 그러나, 사람의 심리가 화장실 들어갈 때와 나올 때 다르듯이, 지원자의 마음가짐과 입사 후의 태도는 다를 수 있다. 현실적 직무소개 없이도 현재 상황에서 합격자들의 조기 이직률은 낮을 수 있으나, 그렇다 할지라도 현실적 직무소개가 직무수행과 조직생활에 대한 현실적 기대를 제공함으로써 직원들의 직무만족과 조직몰입을 높이는데 기여하게 될 것임은 분명하다.

4장. 입사지원서와 자기소개서

거의 모든 기업이 선발과정의 필수 단계로서 서류전형을 실시하고 있다. 그러나 서류전형이라는 말은 적합한 표현이 아니며, 지원서 평가라는 표현이 적합할 것이다. 엄밀히 말해 지원서 평가와 서류심사는 구분하여 사용해야 하는 개념이다. 또한 지원서 평가를 통과한 사람들을 대상으로 증빙서류를 제출토록 하여 심사하는 것이 불필요한 정보수집을 피하고 선발과정을 단축시킬 수 있는 바람직한 방향이다. 따라서, 이 책에서는 단순히 기존의 지원서 수준에서 벗어나 채용 인재상 및 직무역량에 기반한 지원서와 자기소개서에 대해 설명하고자 한다.

지원서의 설계와 평가

지원서 평가는 보다 정교한 선발과정을 적용할 적절한 수의 지원자들을 선별하기 위해 실시한다. 지원서 평가시 개인의 인적사항, 학력사항, 자격사항, 경험사항, 경력사항 등의 항목을 고려한다. 최근 점차 강화되고 있는 차별금지에 대한 권고를 고려하여 가족사항 등은 배제하는 것이 바람직하며 인적사항의 경우도 최소한의 정보만을 요구하는 것이 바람직하다. 지원서는 매우 많은 정보를 포함하고 있으므로 사전에 분명한 의도를 가지고 설계해야 한다. 많은 기업들이 지원서 상의 정보를 어떻게 해석하고 활용할 것인가에 대한 분명한 목적이 없이 지원서 양식을 사용하고 있으며, 그로 인해 많은 개인 정보들이 불필요하게 수집되고 사라진다. 그러나 지원서는 잘 활용하면 매우 강력한 선발도구로 활용될 수 있다. 이를 위해서는 지원서에서 어떤 정보들을 수집하고 어떻게 평가할 것인가에 대한 명확한 계획을 수립해야 한다. 이 때 필요한 정보들을 결정하는 기준으로 주로 적용하고 있는 것이 채용 인재상이다. 채용 평가요소에 대한 구체화를 통해 가점 대상이 되는 기본 지식·스킬, 최소 자격요건, 관련 경력사항 등에 대해서는 지원서에 포함하여 평가할 수 있다. 이러한 계획이 명확히 수립되면 수집된 정보를 보다 객관적이고 효과적으로 평가할 수 있는 형태로 지원서 양식을 설계할 수 있게 된다. 예를 들어, 자격사항을 빈칸으로 주고 지원자가 알아서 적도록 하기보다는, 사전에 어떤 자격사항들에 대해 가점을 줄 것인지를 정한 뒤 가점 대상이 되는 자격사항들을 보기로 주고 그렇지 않은 자격들에 대해서는 '기타 자격증' 등으로 표현하면 점수를 보다 객관화 할 수 있게 되는 것이다. 이렇게 함으로써, 지원서를 전산화 하는 것이 가능하게 되므로 서류전형 과정을 단축시키고 타당성을 높일 수 있게 된다.

지원서에 개인의 전기자료(Biodata)를 묻는 문항과 척도를 포함하는 것도 지원서의 효율성과 타당성을 높일 수 있는 좋은 방법이다. 전기자료는 개인의 성장배경 및 과거경험을 의미한다. 과거 미공군 전투기조종사 선발에 대한 타당도 연구에서 드러난 놀라운 발견은 우수한 조종사가 될지를 예측하는데 있어서, "어릴적 아버지와 함께 고무동력기나 글라이더를 만들어 날려본 경험이 있는가?"라는 단일 질문이 갖는 타당도가 다른 모든 선발도구들의 타당도를 합친 것보다 더 높다는 것이었으며, 국내에서도 과거 지방에 위치한 한 국영기업의 직원 이직률을 가장 잘 예측하는 것은 "가족을 떠나 오랜 기간 생활해 본 경험이 있는가?"라는 질문이었다. 물론 지원자들의 직무수행과 조직적응을 성공적으로 예측할 수 있는 전기자료 질문을 찾는 일이 쉬운 것은 아니다. 그러나, 전기자료 질문의 타당성을 입증하는 많은 연구결과들을 고려할 때, 채용담당자가 노력해볼만한 충분한 가치가 있다 하겠다.

역량기반의 자기소개서

자기소개서는 현재 개인의 지원동기, 성장배경, 성격적 장·단점 등에 대한 자기 서술식 정보를 수집하는데 활용되고 있다. 그러나, 이러한 정보는 지원 자들이 제공하는 정보에 의존하게 되므로 선발도구로서의 효용성을 거의 갖지 못하게 된다. 예를 들어, 성장배경에 어떤 지원자는 자신의 학업활동에 대한 정보를 제공한 반면에, 어떤 지원자는 부모와의 관계에 대한 정보만을 제공하 였고, 또 어떤 지원자는 자신의 친구관계에 대해 기술하였다면, 이러한 정보 들을 평가하기가 거의 불가능하게 된다. 즉, 지원자들이 회사가 제시한 "성장 배경"이라는 항목에 대해 서로 다른 해석과 이해를 가지고 있으므로 인해 서 로 다른 정보를 제공하게 되기 때문이다. 이들 정보가 지원자들을 이해하는데 정말 필요하다면, 최소한 지원자들에게 요구하는 답변이 무엇인지를 명확히 해야 한다. 예를 들어, "성장배경" 항목 안에 "가정환경", "학창생활", "교우 관계" 등의 세부 항목들을 두는 것이 보다 바람직하다. 그렇지 않다면 자기소 개서 정보는 단순히 지원자들의 문장력을 파악하는데 그치게 될 것이기 때문 이다. 보다 바람직한 것은 자기소개서의 질문을 회사가 요구하는 채용 인재상 에 맞춰서 구체적인 정보를 수집하는데 활용하는 것이다. 이를 역량기반 질문 이라 한다.

역량기반 질문은 채용 인재상에 포함된 역량들에 대한 지원자들의 수준을 평가하기 위해 해당 역량이 잘 발휘되었던 과거의 경험을 묻는 형태로 제시된 다. 여기에는 하나의 질문 형태로 제시되는 단일질문 방식(Single Question Method)과, 주질문(Main Question)과 탐색질문(Probing Question)의 형태 로 제시되는 다중질문 방식(Multiple Question Method)이 있다. 단일질문 방식이 지원서 양식을 설계하고 답변을 관리하기 편리한 장점이 있지만, 앞서 언급한 바와 같이 지원자들의 자의적 해석으로 인해 질문의 의도와 다른 답 변이 나타날 수 있는 단점이 있게 된다. 이와 달리 다중질문 방식은 지원서 설계와 답변의 관리가 복잡하지만, 기업이 원하는 정보를 수집할 수 있고 채점하기 편리하다는 장점이 있다. 어떠한 방식을 사용하든 지원자들의 조직 적합성과 직무 적합성을 판단할 수 있는 보다 구체적인 정보를 수집할 수 있다는 점에서 선발의 타당성을 높여주며, 이러한 정보는 구조화된 면접에서도 활용될 수 있다는 장점이 있다. 역량별로 하나씩의 질문을 하되, 질문 당 800자에서 1,200자 사이로 답변에 제약을 두는 것이 바람직하다. 너무 질문 수가 많은 경우 지원자들이 작성 과정에서 포기할 수 있고, 너무 적은 수의 질문은 지원자들이 적은 지원노력으로도 지원할 수 있게 되므로 지원자 수가 많아지는 결과를 가져올 수 있다. 적정 수준의 질문 수와 답변글자 수를 유지하는 것이 우수한 지원자들의 자발적 철회를 막으면서, 반드시 입사하기를 희망하는 충성도 높은 지원자들을 확보하는 데도 도움이 될 수 있다.

직무역량 중심의 입사지원서

최근에 이슈가 되고 있는 것 중 하나는 직무역량 중심의 입사지원서이다. 지금까지의 학벌(여기에서의 학벌은 차별적인 요소를 내포한다), 외국어시험 성적, 각종 자격증 등을 나열하는 지원서가 익숙한 지원자 입장에서는 입사지원서에서 자신이 지원하는 직무와 관련된 스펙만을 요구할 경우 채용전형에 큰 변화가 있음을 직감할 것이다. 그러나 각 직무별로 요구되는 지식·자격·경험 등을 모두 다르게 제시해야 하기 때문에 조직의 입장에서는 매우 수고스러운 일이 아닐 수 없다. 하지만,「채용 및 충원 계획」단계에서 직무요건이 충실히 규명되어 있다면, 이것이 새로운 형식의 입사지원서의 각 항목들과 정확히 매칭되기 때문에 크게 어려운 일은 아니다.

직무역량중심의 입사지원서는 크게 '인적사항', '교육사항', '자격사항', '직무 관련 경력사항 및 활동사항'으로 구분할 수 있다. 인적사항에서는 직무수행과 채용전형에 반드시 필요한 요소가 아니라면 가급적 지원자 식별을 위한 최소한의 개인정보만 요구하는 것이 바람직하다. 이는 차별금지와 관련된 문제를 발생시킬 수 있을 뿐만 아니라, 직무와 무관한 개인정보를 요구함에 따라 지원자들에게 불쾌함을 유발하고 해당 조직의 이미지를 손상시킬 수 있기 때문이기도 하다. 직종·직무에 따라 예외적인 경우도 있겠으나 지원자의 사진이나 가족사항 또는 장애여부와 같은 항목은 대부분의 경우 채용과정에서 불필요하며, 오히려 차별의 논란이 발생할 수 있기 때문에 지양하는 것이 바람직하다.

교육사항은 지원자가 직무수행에 필요한 지식을 갖추고 있는가를 평가하기 위한 항목이다. 직무수행에 필요한 지식을 학교에서 배웠는지, 또는 직업교육기관에서 관련 교육을 이수했는지를 작성하도록 하는 것이다. 예를 들어 인사조직 직무에서 '인사·인적자원관리', '경영원리', '노사관계관리', '심리학적 원리'의 지식이 요구된다면, 지원자에게 이를 제시하고 그와 관련된 과목(또는 교육과정)과 주요 교육내용을 작성하도록 하는 것이다(필요한 경우, 성적·이수학점·교육시간·교육시기 등도 요구할 수 있다). 이는 조직의 입장에서는 지원자가 지원 직무에 얼마나 관심을 갖고 성실하게 준비를 해왔는지 알 수 있는 척도가 되고, 지원자 입장에서는 직무에서 어떤 지식을 요구하는지 알고 미리 준비할 수 있도록 하는 기능을 한다. 한편, '출신학교' 항목은 오해를 불러일으킬 소지가 있으므로 주의를 기울여 사용해야 한다. 엄밀한 의미에서 출신학교는 불필요한 스펙(Over-spec)이라 하기 어렵다. 출신학교(특히, 우수한 대학교)는 지원자가 부단히 노력한 결과이며, 실제로 인지적 능력을 측정하는 적성검사 점수가 대학교 서열과 높은 상관을 보이기 때문이다. 그러나 한국사회에서는 부모의 사회·경제적 지위와 출신대학 간 관련이 높고, 출신대학으로 지원자를 평가하는 것은 사회·경제적 지위의 대물림과 차별의 논란으로 이어질 우려가 있기 때문에 상당히 신중해야만 한다.

그림 4-1. 직무역량중심의 입사지원서 예시(경영관리직군 인사/조직 직무)

입 사 지 원 서

1. 인적 사항
* 인적 사항은 필수항목으로 반드시 모든 항목을 기입해주십시오.

지원구분	신입 ( ) 경력 ( )	지원분야		접수번호	
성명	(한글)	생년월일	(월/일)		
현주소					
연락처	(본인휴대폰)	전자우편			
	(비상연락처)				

2. 교육 사항
* 학교교육은 제도화된 학교 내에서 이루어지는 고등교육과정을 의미합니다. 아래의 지시에 따라 해당되는 내용을 기입해주십시오.

학교교육
* [인사/인적자원관리] 관련 학교교육 과목을 이수한 경험이 있습니까?   예(   ) 아니오(   )
* [경영원리] 관련 학교교육 과목을 이수한 경험이 있습니까?   예(   ) 아니오(   )
* [노사관계] 관련 학교교육 과목을 이수한 경험이 있습니까?   예(   ) 아니오(   )

* '예'라고 응답한 항목에 해당하는 내용을 아래에 기입해 주십시오.

과 목 명	이수 학점 / 만점 학점	주요 내용

* 직업교육은 학교 이외의 기관에서 실업교육, 기능교육, 직업훈련 등을 이수한 교육과정을 의미합니다. 아래의 지시에 따라 해당되는 내용을 기입해주십시오.

직업교육
* [인사/인적자원관리] 관련 직업교육 과정을 이수한 경험이 있습니까?   예(   ) 아니오(   )
* [경영원리] 관련 직업교육 과정을 이수한 경험이 있습니까?   예(   ) 아니오(   )
* [노사관계] 관련 직업교육 과정을 이수한 경험이 있습니까?   예(   ) 아니오(   )

* '예'라고 응답한 항목에 해당하는 내용을 아래에 기입해 주십시오.

교 육 과 정 명	주 요 내 용	기 관 명	교 육 기 간

3. 자격 사항

* 자격은 직무와 관련된 국가공인 기술/전문/민간 자격을 의미합니다. 코드를 확인하여 해당 자격증을 정확히 기입해주십시오.

A. 국가공인 기술자격	B. 국가공인 전문자격
A-01 소비자전문상담사 1급/2급 A-02 컨벤션기획사 1급/2급 A-03 직업상담사 1급/2급 A-04 사회조사분석사 1급/2급	B-01 경영지도사(재무관리) B-02 경영지도사(마케팅) B-03 경영지도사(인적자원관리) B-04 공인노무사
C. 국가공인 민간자격	D. 기타자격
C-01 ERP인사정보관리사	

* 위의 자격목록에 제시된 자격증 중에서 보유하고 있는 자격증을 아래에 기입해 주십시오.

코 드	발 급 기 관	취 득 일 자	코 드	발 급 기 관	취 득 일 자

* 그 외, [직무 혹은 직무관련 지식]에 관련된 자격증은 아래에 기입해 주십시오.

자격증명	발 급 기 관	취 득 일 자	자격증명	발 급 기 관	취 득 일 자

4. 경력 사항

* 경력은 금전적 보수를 받고 일정기간 동안 일했던 이력을 의미합니다. 아래의 지시에 따라 해당되는 내용을 기입해주십시오.

• 기업조직에 소속되어 [인사] 관련 업무를 수행한 경험이 있습니까?　　예( )　아니오( )

• 기업조직에 소속되어 [노무관리] 관련 업무를 수행한 경험이 있습니까?　　예( )　아니오( )

* '예'라고 응답한 항목에 해당하는 사항을 아래에 기입해 주십시오.

근무기간	기관명	직위/역할	담당업무

* 그 외, 경력 사항은 아래에 기입해 주십시오

근무기간	기관명	직위/역할	담당업무

* 자세한 경력 사항은 경력기술서에 작성해주시기 바랍니다.

5. 직무관련 기타 활동

* 직무관련 기타 활동은 직업 외적인(금전적 보수를 받지 않고 수행한) 활동을 의미하며, 산학, 팀 프로젝트, 연구회, 동아리/동호회, 온라인 커뮤니티, 재능기부 활동 등이 포함될 수 있습니다. 아래의 지시에 따라 해당되는 내용을 기입해주십시오.

• [인사] 관련 활동들을 수행한 경험이 있습니까?		예( )	아니오( )
• [노무관리] 관련 활동들을 수행한 경험이 있습니까?		예( )	아니오( )

* '예'라고 응답한 항목에 해당하는 내용을 아래에 기입해 주십시오.

활 동 기 간	소 속 조 직	주 요 역 할	활 동 주 요 내 용

* 자세한 직무관련 기타 활동 사항은 경험기술서에 작성해주시기 바랍니다.

자격사항은 지원자가 직무수행에 필요한 기술을 갖추고 있는가를 평가하기 위한 항목이다. 직무별로 직무수행과 관련된 자격증을 미리 제시하여, 지원자들은 직무수행에 필요한 기술을 습득하고, 조직은 불필요한 자격증에 현혹되지 않고 지원자들을 평가할 수 있다. 기존에는 각 직무에서 필요한 기술이 무엇인지 규명되어 있지도 않고, 그 기술과 관련된 자격증이 무엇인지 제시하지도 못했다. 이로 인해 지원자들은 자신이 어떤 기술을 익혀야 하는지 모르는 상황에서 무차별적으로 각종 자격증 취득에 급급하다보니 고(高)스펙의 지원자들이 넘쳐나기 시작했다고도 볼 수 있다. 이와 반대로, 직무별 관련 자격증을 미리 제시한다면, 지원자들은 자격증을 취득하는 과정에서 자연스럽게 직무수행에 필요한 기술을 습득하게 될 것이다. "over-spec"의 대표적 예라 할 수 있는 외국어시험 성적의 경우, 해외 영업이나 외국인이 주 고객인 서비스 업종과 같이 외국어 능력이 반드시 필요한 직무라면 당연히 외국어시험 성적이나 관련 자격증을 요구하는 것이 타당하다. 하지만, 그렇지 않은 경우라면 (실제로는 외국어시험 성적을 전혀 참고하지 않는 조직이 늘어나고 있는 추세이지만) 기본적 수준의 외국어시험 성적만을 요구하는 것이 현실적으로 바람직할 것이다.

직무관련 경력사항과 활동사항은 지원자가 직무와 관련된 일이나 활동을 해본 경험을 묻는 항목이다. 일정한 급여를 받으면서 일을 했다면 경력사항에, 일정한 급여는 없었으나 직무와 관련된 활동을 했다면 활동사항에 작성할 수 있다. '직무관련 경력사항'에는 근무기간·기관명·역할·담당업무 등에 대해 간략히 기입하고 보다 구체적인 내용을 "(직무) 경력기술서"에 기술하도록 한다. 마찬가지로 '직무관련 기타 활동'에는 활동기간·소속·역할·주요활동 내용 등을 간략히 기입하고 구체적인 내용을 "(직무) 경험기술서"에 기술하도록 한다.

지금까지 대부분의 입사지원서는 지원자의 모든 경력과 활동을 나열할 수 있도록 했다. 그러나 지원자의 경력과 활동이 지원 직무와 관련되어 있지 않다면, 지원자가 입사하더라도 일을 새로 배워야 하며, 지원자의 기대와 실제 업무 간 괴리를 경험할 가능성도 높을 것이다. 실제로 국내의 한 외식전문기업에서는 매장관리직무에 우수한 성적의 외식조리 및 호텔경영 전공 출신자들을 주로 채용했으나, 높은 조기퇴직률 때문에 고심한 끝에 외식매장(호텔, 음식점 등) 아르바이트 경험이 있는 지원자를 우대하는 방식으로 개선해 나가고 있다.

직무관련 경력사항과 활동사항을 통해 조직은 해당 직무에 정말로 관심을 가진(적어도 간접적으로나마 경험을 해본) 지원자를 선별할 수 있고, 지원자들은 직무와 관련된 다양한 경험을 해보며 자연스럽게 자신의 진로를 탐색·수정하게 될 것이다. 자신이 맡게 될 직무의 현실을 알고 지원하는 것과, 잘 모르는 상태에서 막연한 환상만으로 지원하는 것은 실로 엄청난 차이라 할 수 있다.

지원자가 직무관련 경력사항과 활동사항에 작성한 내용은 면접에서 적극적으로 활용할 것을 권장한다. 예를 들어, 면접에서 지원자의 "성실성"을 평가한다고 했을 때, 직무와 무관한 사례보다 직무상황과 유사한 사례에서 지원자가 어떻게 행동했는지가 입사 후 지원자의 성실성을 더욱 잘 예측한다. 혹자는 다양한 경험을 해보는 것이 직무수행에 도움이 되며, 이를 무시할 수 없다고 반박할 수도 있다. 이는 새로운 입사지원서에서도 직무와 관련성이 적은 기타 경력과 활동을 별도로 작성하도록 하여 채용시 참고할 수 있도록 할 수 있다. 그러나 여전히 분명한 점은, 확률적으로 직무관련 경력과 활동이 해당 직무수행을 훨씬 잘 예측하기 때문에 앞으로는 여기에 초점을 맞춰야 한다는 사실이다.

5장. 인성검사와 적성검사

지금까지는 과학적 채용시스템의 구축을 위한 첫 번째 단계인 채용 인재상의 정립과 이를 토대로 한 모집과 서류전형인 지원서평가에 대해 다루었다. 이 장에서는 선발에서의 인성검사와 적성검사에 대해 다루고자 한다. 물론, 인성검사와 적성검사가 선발에서만 활용되는 것은 아니다. 인성검사의 경우 교육, 배치, 경력개발, 리더십 등 다양한 용도로 활용될 수 있으며, 적성검사의 경우도 리더의 의사결정 및 문제해결 능력을 파악하는데 활용될 수 있으나, 여기서는 신입 또는 경력직의 선발에만 국한해서 다루기로 한다.

인성과 적성의 개념

인성검사와 적성검사에 대해 다루기에 앞서 먼저 인성과 적성의 의미에 대해 알 필요가 있다. 인성이란, 사람들로 하여금 일관되게 행동하도록 하는 개인의 내적 속성들을 모두 포함하는 개념이다. 여기에는 성격, 가치, 동기, 흥미 등이 포함된다. (포괄적 의미에서 성격은 이러한 특성들을 모두 포함하므로, 인성과 성격을 혼용해서 사용하도록 하겠다.) 이러한 특성들은 사람들의 일상적 행동들을 결정하므로, 인성검사를 전형적 수행 검사(Typical Performance Test)라 부르기도 한다. 반면에, 적성은 언어력, 수리력, 추리력, 공간지각력, 지각속도 등과 같은 사람들의 인지적 능력을 의미한다. 이러한 특성들은 사람들이 관련 능력이 요구되는 과제를 수행할 때 발휘되는 것이므로 적성검사를 최대수행 검사(Maximum Performance Test)라 부르기도 한다.

선발장면에서 인성이 중요시되는 이유 중 하나는 개인의 인성은 변화하기 어렵기 때문이다. 이미 이전 장에서 언급하였듯이, 사람들의 인성은 일부는 유전적으로 일부는 학습을 통해 형성된다. 성격과학의 대가인 Hogan 박사는 사교성(Sociability), 정서적 안정성(Emotionality), 충동성(Impulsivity) 등은 유전적으로 결정되며, 자존감(Core Self-esteem)과 권위에 대한 태도(Attitudes Toward Authority) 등은 초기 발달단계에 형성된다고 주장한다. Hogan 박사는 특히, 자존감은 역경을 견디는 능력, 적응성, 인내심 등에 영향을 미치며, 권위에 대한 태도는 성실성, 조직에 대한 충성심, 자기통제력 등을 결정하므로, 어떤 유형의 조직에서든 선발시에 반드시 고려해야 하는 요인이라고 주장한다. 개인의 인성이 조직의 문화적 특성과 부합되는지가 조직 적응에 중요한 영향을 미치게 되고, 업무 특성과 맞는지가 직무만족과 직무성과를 결정하며, 동료들과의 협조와 팀워크에 있어서도 개인의 인성이 중요하게 작용한다. 입사 후 발생하게 되는 대부분의 문제는 개인 간의 갈등, 조직과의 마찰 등에서 기인한다. 이러한 측면에서 최근 선발 장면에서 인성검사를 도입하여 인재상 또는 핵심가치와의 부합도를 평가하고, 집단토의나 집단과제를 통해 협조성과 팀워크 역량을 선발에 반영하는 등의 노력은 매우 바람직한 현상이다.

적성은 개인의 업무 수행 능력과 밀접한 관계를 갖는다. 직군이나 직무에 따라 수행하는 업무의 내용이 다르고 업무 내용에 따라 요구되는 능력이 다른데 여기서 말하는 능력을 적성이라 한다. 간혹 적성이라는 용어에서 오해가 생기는 경우들이 있는데, 이는 우리가 일반적으로 사용하는 적성의 개념과 심리학에서의 적성의 정의가 다르기 때문이다. 우리가 일반적으로 "적성에 맞는 직업"이라고 이야기할 때의 "적성"의 개념 속에는 개인의 성격, 흥미, 능력 등이 모두 포함된다. 그러나, 심리학적 의미에서의 "적성(Aptitude)"의 개념은 능력적 요소만을 포함한다. 즉, 해당 직업에서 요구하는 능력을 개인이 얼마나 보유하고 있는가의 측면에서 "적성"을 이해해야 한다.

선발에서 인성과 적성을 평가해야 하는 이유는 분명하다. Murphy(1989)[9]의 수행변화 이론(그림 5-1 참고)에 따르면, 입사 초기는 전이단계(Transition Stage)로 새로운 과제를 학습하는 기간이며, 따라서 이 시기의 업무성과는 주로 적성에 의해 결정된다. 그러나 이 단계가 지나면 자신이 학습한 것을 적극적으로 활용하고 부족한 것을 스스로 찾아서 보완하는 등의 유지단계(Maintenance Stage)가 있게 되며, 이 단계에서의 업무성과는 주로 인성에 의해 결정되게 된다. 적성만 뛰어나고 인성이 맞지 않는 사람은 초기에는 성과를 내고 인정받을 수 있지만, 시간이 지날수록 수행성과 향상이 정체되고, 인성만 적합하고 적성이 맞지 않은 사람은 수행성과를 내기까지 너무 오랜 시간이 걸릴 수 있는 것이다. 따라서, 선발 과정에서 인성과 적성을 모두 고려하여 선발하는 것이 가장 바람직한 전략이라 하겠다.

그림 5-1. 수행 변화의 2단계

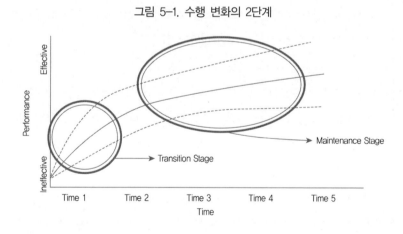

---

9) Kevin R. Murphy, Is the relationship between Cognitive Ability and job Performance stable over time?,Human Performance, 2(3), 183-200, 1989

인성검사와 적성검사의 유형 및 타당도

20세기와 21세기는 사람에 대한 평가의 중요성이 지속적으로 증가해 온 시기였다. 우리가 내려야 하는 결정들은 점점 더 많아지고 있고, 그로 인해 인간의 특성, 즉 개인차에 대한 더 많은 이해가 요구되었다. 심리검사는 이러한 의사결정 과정에 있어서 점점 더 중요한 부분을 차지해가고 있다. 더욱이 선발 의사결정에서 공정성의 중요성이 점차 확대될수록 객관적이고 타당한 선발절차로서의 인성검사와 적성검사의 필요성은 계속해서 확대되어 갈 것이다.

인성검사와 적성검사는 심리검사의 대표적 유형이다. 심리검사는 표준화된 내용, 표준화된 실시절차 및 표준화된 채점방법을 사용한 객관적인 평가 도구이며, 모든 지원자들에 대해 동일한 조건하에서 동일한 정보를 얻을 수 있는 효율적이고 효과적인 방법이다. 선발 장면에서의 심리검사가 갖는 우수성은 이미 많은 연구들을 통해 입증되어 왔다. 미국 국립과학원(National Academy of Sciences)의 보고서에 따르면, 각각의 선발도구들이 저마다 장점들을 가지고 있긴 하지만 표준화된 심리검사만큼 정보가 풍부하고, 공정하며, 직무수행을 잘 예측해 주는 것이 없다고 한다.

적성검사는 크게 특수 직무적성검사와 일반 직무적성검사로 구분할 수 있다. 전자는 컴퓨터 프로그래머 적성검사, 디자이너 적성검사, 의사 적성검사와 같이 특정 직무를 대상으로 하는 적성검사를 의미하며, 후자는 직무수행에서 공통적으로 요구되는 능력을 측정하는 적성검사를 의미한다. 물론, 일반직무적성검사의 경우에도 해당 직군이나 직무에서 요구되는 능력의 중요도에 따라 하위검사를 달리하거나 하위검사별 가중치를 달리 줄 수 있으며, 직무수행에 대한 예측력을 높이기 위해서는 타당도 연구를 실시하여 해당 직군/직무에서 요구되는 능력에 따라 하위검사의 구성 및 하위검사별 가중치를 차별화하는 것이 바람직하다.

적성검사에 가장 공통적으로 이용되는 하위검사에는 앞에서 언급한 언어력,

수리력, 공간지각, 지각속도 등이 있다. 인간의 모든 사고 과정이 언어, 숫자, 도형 등을 이용하여 이루어지며, 뇌의 정보처리 속도와 사고 과정이 얼마나 빠르게 이루어지는가가 지각속도이기 때문이다. 이 외에도 해당 직무의 성격에 따라 집중력, 코딩능력, 협응력, 창의력 등의 하위검사를 포함할 수 있다. 또한, 같은 언어력 검사라 할지라도 지원자의 특성이나 해당 직군/직무의 특성에 따라 하위검사의 내용과 난이도를 다르게 설계할 수 있다.

해당 직군/직무에 적합한 적성검사를 선택하고 하위검사별 중요도에 따라 가중치를 적절히 설정할 경우 적성검사의 타당도는 직무수행이나 교육점수에 대해 .5~.6의 높은 타당도를 보인다. 이는 적성검사를 통해 지원자들의 직무수행에 대해 30% 정도를 설명할 수 있다는 의미로, 사람의 키와 몸무게 간의 상관이 .7~.8이라는 점을 고려하면 그 크기를 보다 쉽게 이해할 수 있을 것이다. 더욱이 직무수행 성과에 미치는 개인의 능력 외적 요인들(예, 환경적 요인, 조직 요인, 지식적 요인, 성격적 요인 등)을 고려한다면, 30%의 설명력은 매우 높은 수치이다.

대표적인 인성검사에는 성격검사, 흥미검사, 가치검사, 전기자료검사 등이 있다. 선발장면에서는 성격검사가 가장 널리 이용되며, 조직의 핵심가치 부합도를 평가하기 위해 가치검사가 활용되기도 한다. 성격검사는 또한 일반적 성격검사와 특수 성격검사로 구분된다. 선발장면에서 사용되는 성격검사는 일반적 성격검사로, 성격 5요인(5 Factor Model) 이론에 토대를 둔 검사들이 대표를 이룬다. 5요인 이론에 토대를 둔 대표적인 검사인, HPI(Hogan Personality Inventory)는 5개 요인(외향성, 정서적 안정성, 호감성, 성실성, 개방성)이 일반장면에서의 행동을 설명하는데는 적합하지만, 직무수행을 예측하는데는 미흡하므로 이를 보다 세분화하여 7개 요인(자기조절, 성취지향성, 사회성, 대인민감성, 신중성, 지적호기심, 학습지향성)과 41개의 세부 요인으로 구성되어 있다. 이러한 일반적 성격검사들은 사람들의 중요한 성격특성들을 모두 포함하고 있으므로, 채점방식의 조정을 통해 어떠한 조직, 직무, 직급에 대해서도 해당 조직이 요구하는 인재상에 부합하는 사람들을 선발하는데 활용될 수 있게 된다.

그러나 5요인 성격이론이 갖는 한계는 특수한 성격들을 측정하는데 민감하지 못하다는 것이다. 실제로 심리학자들의 연구에 따르면 직무수행에서의 성공을 예측해주는 성격요인들과 실패를 예측해주는 성격요인들은 서로 구분되며, 대개 실패적 성격요인은 일반적인 상황이 아닌 스트레스나 압박감 속에서 나타나는 성격특성들이다. 즉, 성공적인 사람들은 성공요인을 갖추고 있으면서 실패요인은 갖추고 있지 않은 사람들인 반면에, 실패적인 사람들은 성공요인을 갖추고 있는가와 관계없이 실패요인을 갖추고 있는 사람들이다. Hogan 박사는 조직장면에서의 성격에 대한 연구를 토대로 11개의 실패 예측요인(Derailer)을 밝혔으며, 이를 측정할 수 있는 HDS(Hogan Development Survey)를 개발하였다.

인성검사에서 중요하게 고려해야 할 이슈는 그 검사가 normative 방식과 ipsative 방식 중 어떤 방식을 선택하고 있는가에 대한 것이다. normative 방식이란 특정 성격특성을 나타내는 하나의 질문에 대해 자신에게 해당하는지 여부(또는 정도)를 답하도록 하는 방식이다. 반면에 ipsative 방식은 서로 다른 성격특성을 나타내는 여러 개의 보기를 주고 자신을 가장 잘 나타내는(또는 가장 관계없는) 보기를 선택하도록 하는 방식이다. 이러한 이슈를 중요하게 고려해야 하는 것은, ipsative 방식의 경우 채점방식을 정교하게 설계하지 않는다면 개인간 비교가 어려울 수 있다는 것이다. 예를 들어, "1,000m 달리기와 마라톤 중 어떤 종목이 더 자신 있습니까?"라는 질문에 대해 국민 마라토너인 이봉주 선수가 "마라톤"에 더 자신 있다고 선택한 반면 대부분의 일반인들은 마라톤 완주는 꿈도 못 꾸므로 "1,000m 달리기"를 선택했다면, 이봉주 선수는 "마라톤" 항목에 1점을 받게 되고 대부분의 사람들은 "1,000m 달리기" 항목에 1점을 받게 된다. 그러나 그렇다고 해서 대부분의 사람들이 이 봉주 선수에 비해 "1,000m 달리기"를 잘한다고 할 수는 없는 것이며, 만일 어떤 조직이 "1,000m 달리기" 선수를 뽑고 있었다면 이봉주 선수가 아닌 일 반인들을 선발하게 되는 타당하지 않은 결론을 내릴 수 있게 된다. 즉, ipsative 방식은 개인내 비교(여러 성격특성들 중 어떤 특성이 더 두드러진 가)에 대해서는 이야기할 수 있지만, 개인간 비교(어떤 성격특성을 누가 더 많이 갖고 있는가)에 대해서는 얘기할 수 없는 것이다. 이러한 이유에서 선발 인성검사에서 ipsative방식의 검사를 활용할 때에는 단순히 특정 성격 특성에 대한 점수가 다른 사람보다 높았다고 해서 선발하는 단순 점수법을 사용해서는 안되며, 최소한 개인의 성격 프로파일이 조직의 인재상과 얼마나 일치하는 가의 정도를 통해 평가해야만 한다.

인성검사가 갖는 타당성에 대해서도 많은 연구들이 진행되어 왔다. 과거에는 단순히 어떤 성격을 가진 사람이 직무성과나 직무만족이 높은가에 초점을 두었으며, 그 결과는 그리 성공적이지 못해왔다. 그러나, 최근에는 과거의 일 방적인 접근에서 벗어나 조직과 직무의 특성이 개인의 성격적 특성과 부합하는 정도를 통해 직무성과와 직무만족을 예측하는데 초점을 두고 있으며, 보다 구체적으로 조직의 특성과 직무의 특성을 반영한 인재상이 설정되고 그에 따른 선발 의사결정이 이루어질수록 성격검사 결과의 타당성이 높은 것으로 밝혀졌다. 현재 인성검사의 타당도는 .4~.5의 높은 타당도를 갖는 것으로 입증되고 있다.

인성검사와 적성검사의 활용

선발장면에서 인성검사와 적성검사는 서로 다른 측면들을 예측하므로 함께 활용하는 것이 훨씬 바람직하다. 실제로 인성검사 점수와 적성검사 점수 간에는 상관이 없는 것으로 밝혀지고 있으며, 따라서 함께 사용하게 되면 정보의 중복 없이 개인에 대한 포괄적인 정보를 수집할 수 있게 된다. 더욱이, 모든 지원자들이 동일한 질문들에 대해 반응하거나 동일한 조건에서 같은 과제를 수행하게 되고, 지원자들의 반응이 구체적인 채점 절차들을 통해 분석되므로, 지원자들을 객관적으로 비교하고 평가하기가 쉬워지며, 타당성에 대한 법적인 방어가 용이하게 되고, 발생할 수 있는 문제점의 개선이 가능하게 된다는 장점을 갖는다.

그러나 인성검사 점수는 적성검사에 비해 상대적으로 신뢰도가 낮다. 이는 능력이 우수한 사람들은 늘 우수한 능력을 보이지만, 성격에 따른 행동은 환경이나 상황에 따라 다소 편차가 있게 되는 것과 같은 이치이다. 즉, 적성에 비해 성격은 검사 당일의 날씨나 환경, 지원자의 최근 상황 등에 의해 보다 영향을 받기 쉽다. 따라서 이러한 신뢰도(즉, 안정성) 부족에서 오는 오류를 줄이기 위해서는 점수를 절대적으로 신뢰하기보다는 등급 부여 방식으로 합격자를 선정하는 방법이 적합하다. 예를 들어, 5개 등급으로 나누어 인성검사에서 최고 등급을 받은 지원자들을 대상으로 적성검사 점수를 고려하여 합격자들을 선발하고, 인원이 부족할 경우 두 번째 등급을 받은 지원자들을 대상으로 다시 적성검사 점수를 고려하여 합격자들을 선발하는 식의 방법을 활용할 수 있다. 반대로 인성검사에 한하여 최소 기준을 적용하여 하위 등급부터 불합격으로 결정하는 방법도 가능하다.

적성검사는 개인의 직무관련 인지적 능력을 밝혀주므로, 선발 의사결정시 지원자들을 선별(screening)하는 기준으로 활용할 수 있으며, 인성검사는 지원자들을 선별하는 것 뿐 아니라 면접에서의 활용자료로도 활용할 수 있다. 또한, 합격자들에 대해서는 신입사원 교육 시 자신의 성격특성이 직무수행에서 갖는 장·단점을 파악하여 보다 빠른 적응을 도울 수 있으며, 자신의 경력개발 계획을 수립하는데 도움을 줄 수 있다. 또한 해당 신입사원의 상사나 멘토에게 개인에 대한 정보들을 제공함으로써, 어떻게 육성하고, 동기부여하고, 관리하는 것이 적합한지에 대한 지침을 제공해 줄 수 있다는 점에서 그 활용도가 매우 크다 하겠다.

일부 사람들은 심리검사가 사람들을 정확하게 평가하지 못하므로, 선발 장면이나 인사 결정에 사용할 수 없다고 주장한다. 그러나 이는 심리적 속성의 측정에 이용되는 모든 도구와 기법들이 간접적인 측정법들이며, 따라서 어느 정도는 한계를 가질 수 밖에 없다는 것을 인식하지 못하고 있는 것이다. 그것은 영어능력을 측정하기 위한 시험들, 달리기 능력을 측정하기 위한 체력검사, 전공지식을 측정하기 위한 전공시험, 운전기술을 시험하기 위한 운전시험 등도 단지 샘플링 검사에 지나지 않으므로 정확성에 대한 논란에서 심리검사와 다르지 않다는 것으로 설명할 수 있다. 만일 심리적 속성들을 측정하는 것이 중요하고 그래서 측정해야 한다고 믿는다면, 우리는 이용가능한 도구들 중 가장 정확한 측정 도구들을 이용해야 할 책임이 있다. 다른 측정 기법들과 비교하여 검사가 갖는 한 가지 중요한 장점이 있다. 검사는 연구를 통해 그 정확성의 정도를 파악하고, 보다 더 정확한 검사가 될 수 있도록 개선할 수 있다. 검사는 결코 완벽한 측정치가 되지 못하겠지만, 최소한 그 정확성의 정도를 밝힐 수 있고 또 그 정확성의 정도를 고려하여 특정의 검사 점수가 의미하는 바를 결정할 수 있다.

효과적인 인 · 적성검사 도입 방법

선발장면에 인 · 적성검사의 도입을 고려하고 있다면 몇 가지 판단 기준으로 검사의 효과성을 확인할 필요가 있다. 효과적인 검사를 선정하기 위해서는 먼저 검사도구를 개발하는 과정에서 검사도구에 관한 신뢰도 및 타당도 검증 유무를 확인할 수 있어야 한다. 검사 개발이 경험적 통찰이 아니라 이론적 모형을 갖추고 연구를 통해 검증되어야 선발에 활용할 수 있다. 이는 일차적으로는 측정하고자 하는 개념을 얼마나 정확하게 측정하는 검사인지를 확인할 수 있는 근거가 되며 나아가, 발생할 수 있는 법적 문제 등에 대응할 수 있는 근거가 되기 때문이다.

검사를 도입할 때 고려해야 할 요소 중 또 다른 하나는, 검사 종류의 다양성이다. 측정하고자 하는 요소는 많은데 측정 도구가 해당 요소를 모두 측정하지 못한다면 목적을 충분히 달성하지 못할 수 있으며 지원자에 대한 평가가 과대 또는 과소추정 될 수 있다. 이론과 연구를 바탕으로 다양한 측정요소를 골고루 갖춘 검사를 도입하게 된다면 절반은 성공이다. 다음으로 고려할 것은 선정된 검사를 통해 회사의 채용 인재상, 핵심가치와 직무에서 요구하는 능력을 평가할 수 있는 모델을 구성해야 한다. 일반적으로 인성검사는 인재상, 핵심 가치, 핵심 역량, 직무 역량 등을 측정할 수 있도록 하며, 적성검사는 직무역량 중 인지적인 능력 부분을 측정할 수 있다. 다음은 가장 일반적인 맞춤화(Customization) 도입 과정 예시이다.

그림 5-2. 맞춤형 인·적성 검사 개발 과정

	이론적/내용적 평가요소 모델링	Pilot test 계획	Pilot test 실시	결과분석 및 결과보고
목적	• 인재상 및 직무역량 규명 (선발 평가요소 규명)	• 재직자를 대상으로 우수성과자의 Profile 추출방법 기획	• 재직자 대상 Pilot test 실시로 타당성 분석자료 수집	• 우수성과자들의 특징 추출 및 평가기준 설정
방법	• 선발인재상 및 핵심가치 직무역량 결정을 위한 협의 • 팀장 의견조사, FGI 등	• 대상자 선정 (우수/비우수 집단 구분) • 일정 및 방법 협의	• 온라인/오프라인 검사 실시 • 준거자료 수집 (성과, 역량평가, 팀장평가 등)	• 우수, 비우수 성과집단의 검사결과 비교 분석 • 결과 판단기준 수립 • 최종 평가모형 확정
결과물	• 선발검사 평가요소 모형 - 인재상, 핵심가치 - 공통역량, 직무역량	• 선발검사 평가요소 모형 - 인재상, 핵심가치 - 공통역량, 직무역량	• 선발검사 평가요소 모형 - 인재상, 핵심가치 - 공통역량, 직무역량	• 진단도구 선정 • Scoring key • 평가기준표

위 과정은 인·적성검사를 맞춤화 도입하여 직무역량 수준까지 적용하고자 하는 목적으로 실시한 절차이다. 내용적으로 구성된 평가요소를 검사 구성요소들로 측정할 수 있도록 매핑(Mapping) 한 후 이를 바로 적용하는 것이 아

니라, 현직자를 대상으로 예비조사를 실시하여 그 타당성을 확보하는 것에 그 목적이 있다. 실제 선발검사의 효과성을 검증하기 위해서는 검사를 실시하여 합격한 대상자가 일정시간이 지난 후 우수한 성과를 보이는지를 검증해야하는 예측타당도 검증이 이루어져야 하지만, 선발검사를 도입할 시점에서 몇 년 후가 될 성과에 관한 자료를 수집할 수 없으므로, 현직자들 중 우수성과자 집단과 비우수성과자 집단을 구분하여 우수성과자 집단에서 비우수성과자 집단과 차별적으로 드러나는 요소를 변별하는 방법인 동시타당도 검증 방법을 활용하는 경우가 일반적이다. 즉, 우수성과자들만의 구별되는 요소를 규명하여 선발인재 프로파일로 설정할 수 있다. 그렇지만, 일정시간이 지난 후 실제 성과자료를 수집할 수 있을 때에는 예측타당도를 검증할 수 있으며 이를 통하여 검사의 타당성을 더욱 향상시킬 수 있는 여지도 있다. 그렇지만 검사도구를 자주 교체할 경우에는 이러한 종단연구는 어려울 수 있다.

현직자를 대상으로 실시된 예비조사 결과의 분석을 통해 최종적으로 직무별 우수성과자들의 프로파일을 구성할 수 있으며 이것이 인·적성검사를 통한 직무역량 평가가 될 수 있다.

6장. 구술 면접

앞 장에서는 선발에서의 인성검사와 적성검사의 활용에 대해 다루었다. 이 장과 다음 장에서는 선발에서 가장 많이 활용되고 있는 면접에 대해 다루고자 한다. 면접이란 면접관과 지원자 간 대면적 상호작용을 통해 지원자의 역량을 평가하는 선발 방법이다. 엄밀한 의미에서 면접의 개념은 면접관이 질문을 하고 지원자가 답변을 하는 질의응답 방식만을 포함하지만, 최근에는 평가센터(AC, Assessment Center) 방식을 응용한 토론방식이나 발표 방식을 포함하는 것으로 그 개념이 확대되었다. 더 나아가서는 집단으로 과제(예, 스포츠 게임, 팀 미션, 팀 게임 등)를 수행하도록 하는 선발 방식까지도 포괄적인 면접의 범위에 포함되고 있다. 이번 장에서는 질의응답을 활용하는 면접 방식에 대해서만 다루기로 하겠다.

구술 면접의 특징

구술 면접은 면접관의 질문에 대해 지원자가 답변하고, 그 답변을 통해 면접관이 해당 역량의 정도를 판단하는 형태로 평가가 이루어진다. 이것은 매우 중요한 의미를 갖는다. 구술 면접이 갖는 이러한 특징의 의미를 보다 구체적으로 살펴보도록 하겠다.

구술 면접의 가장 중요한 첫 번째 특징은 면접관의 질문에 대하여 지원자들이 답변하는 형태로 진행된다는 것이다. 구술 면접에서 지원자는 자기가 하고 싶은 이야기가 아닌 면접관의 질문에 답하도록 되어 있다. 따라서, 면접관이 어떤 질문을 던지는가가 지원자의 답변을 결정하게 된다. 면접관이 의미 없는 질문을 던진다면 지원자의 답변 역시 의미 없는 답변이 되기 쉽다. 예를 들어, 구술 면접을 통해 리더십을 평가하도록 되어 있지만, 면접관이 지원자의 리더십이 잘 드러나지 않는 질문을 던지게 된다면, 지원자는 자신의 리더십을 잘 드러낼 수 없는 답변을 하게 될 것이고, 면접관은 그러한 지원자의 리더십에 대해 낮은 점수를 부여하게 될 것이다. 지원자는 구술 면접을 통해 평가되는 역량이 무엇인지 모르기 때문에 면접관의 질문에 집중하여 대답하게 되므로, 아무리 리더십이 뛰어난 지원자라 할지라도 면접관이 제대로 질문하지 않는다면 자신의 리더십을 보여줄 방법이 없는 것이다.

구술 면접의 두 번째 특징은 지원자들의 답변을 토대로 해당 역량의 보유 정도를 판단하여 점수를 부여한다는 것이다. 이는 지원자들의 답변 속에서 해당 역량의 정도를 파악할 수 있는 면접관의 판단역량이 중요함을 의미한다. 면접관이 효과적으로 질문을 잘 하였다 하더라도, 지원자의 답변을 듣고 해당 역량의 정도를 판단할 수 있는 스킬이 없다면 정확한 평가가 불가능하기 때문이다.

구술 면접의 세 번째 특징은 지원자에 대한 면접관의 평가 동기가 중요한 영향을 미친다는 것이다. 면접관은 공정하고 정확하게 평가하겠다는 동기를 가지고 있어야 하며, 개인의 주관과 편견을 배제하기 위해 노력해야 한다. 면접은 다른 선발 방법들과 달리 면접관의 주관적 판단에 의해 평가가 이루어지므로, 면접관이 어떠한 마음가짐을 가지고 있는가에 의해 지원자 점수가 달라지게 된다. 즉, '적극적이고 말을 잘 하는 사람이' 어떤 면접관을 만나는가에 따라, '말이 많고 나서기 좋아하는' 사람으로 평가받을 수 있는 것이 면접인 것이다. 면접의 주관적 특징이 이러한 평가 오류를 가져오기도 하지만, 또 다른 한편으로는 지원자들에 대한 통합적인 평가를 가능하게 하는 장점이 되기도 한다. 결국 질문 스킬과 판단 스킬을 가진 면접관이 면접을 통해 개인적

취향이 아닌 조직에서 요구하는 역량을 공정하고 정확하게 평가하고자 하는 동기를 가지고 있을 때 올바른 면접이 이루어질 수 있게 되는 것이다.

지금까지 구술 면접의 특징에 대해서 살펴보았다. 면접이 갖는 이러한 특징들 때문에 면접관 교육이 중요하며, 면접관 교육 시 질문스킬, 판단스킬, 평가동기 등을 향상시킬 수 있는 내용들이 교육에 포함되어야 한다.

구술 면접의 구조화

전통적으로 구술 면접은 면접관의 자유재량에 따라 면접관이 알아서 질문하고 알아서 평가하는 식이었다. 이러한 면접방식은 면접관들 간에 면접의 질문, 판단기준, 평가척도 등이 통일되어 있지 않으므로 타당성, 객관성, 공정성 등에서 문제가 나타날 수 있다. 이러한 이유에서 구술 면접은 보다 구조화된 방식으로 발전해 왔다. 면접의 구조화(Structurization)란 면접의 절차, 평가역량, 질문 및 판단기준 등이 사전에 명확히 정의되어 모든 면접관들에게 공통적으로 적용되는 것을 말하며, 표준화(Standardization)라 하기도 한다. 면접의 구조화가 강조되는 것은 면접의 타당성을 높여주고 면접의 객관성과 공정성에 기여하며 면접의 개선을 가능하게 하기 때문이다.

구조화는 면접 전문가들의 사전 연구를 통해 질문과 판단기준이 개발되므로, 면접관들에게 구체적인 면접도구를 제공하고 교육할 수 있게 되므로 면접의 타당성을 높인다. 또한, 면접결과 분석을 통해 각 역량별 평가질문과 판단기준이 적합한지, 어떤 면접관이 우수하고 우수하지 않은지를 파악할 수 있도록 해주므로 면접도구 개선 및 면접관 선정과 교육에 활용될 수 있다는 장점을 갖는다. 또한, 모든 면접관이 동일한 절차와 도구를 활용하게 되므로 면접의 객관성과 공정성에도 기여할 수 있게 되는 것이다. 따라서 구술 면접을 설계할 때 가급적 구조화 정도를 높이는 것이 바람직할 것이다.

대표적인 구조화된 면접방식에는 상황면접(Situational Interview; SI)과 경험행동면접(Behavioral Event Interview; BEI)이 있다. 상황면접(SI)이란 향후 직무수행 과정에서 접할 수 있는 상황들을 제시하고 지원자가 어떻게 행동할 것인가를 묻는 면접방식이다. 모든 지원자들에게 동일한 상황을 질문하면 되고, 상황이 정해져 있으므로 판단기준을 사전에 매우 구체적으로 설정할 수 있다.

경험행동면접(BEI)은 해당 역량이 발휘된 지원자의 과거의 경험들을 묻는 방식이다. 경험행동면접(BEI)도 지원자들에게 과거 경험을 묻는 질문을 정해 놓을 수가 있으므로 구조화 정도가 높은 방식이지만, 지원자들의 경험이 모두 다를 수 있으므로 경험행동(BEI)이 상황면접(SI)에 비해 판단기준에 있어서 상대적으로 구조화 정도가 낮을 수도 있다.

두 가지 구술 면접 방식 모두 과학적이며 구조화 정도가 높기 때문에 어떠한 면접 방식을 선택할 것인지는 상황과 목적에 따라 달라지게 된다. 두 가지 방식의 가장 큰 차이는 상황면접(SI)의 경우 질문의 초점이 미래의 직무상황에 맞춰져 있는 반면에 경험행동면접(BEI)은 질문의 초점이 과거의 경험에 맞춰져 있다는 것이다. 경력채용 지원자의 경우에는 이미 직무경험을 가지고 있으므로 상황면접(SI)과 경험행동면접(BEI)이 모두 가능하다. 반면, 신입채용 지원자의 경우에는 직무경험이 없어서 상황면접(SI) 질문에 대해 상상력으로 답하게 되므로 지원자가 향후에 자기가 답변한대로 행동할 것이라고 예측하기 어렵게 된다. 따라서 신입채용의 경우에는 경험행동면접(BEI) 방식이 바람직하다. 그러나 상황면접(SI)을 보다 발전시켜서 제공되는 상황적 정보들을 풍부하고 정교하게 한 뒤, 주어진 상황에서 자신이 해야 할 일들을 찾고, 의사결정을 하고, 문제를 해결하기 위해 필요한 조치들을 취하는 등의 과제가 부여된다면 신입채용에도 적용할 수 있게 된다. 이와 같이 상황면접(SI)을 간단히 상황을 제시하는 수준에서 풍부하고 복잡한 정보를 제시하는 수준으로 발전시킨다면, 면접 질문의 수준을 넘어 과제의 수준에 이르게 되며, 따라서 이 때는 구술 면접의 범주를 넘어서 시뮬레이션 과제가 된다.

이 외에 자주 사용되는 구술 면접 방식으로 전기자료면접(Biographical Data Interview; BDI)이 있다. 전기자료면접이란 이력서나 자기소개서 등을 토대로 질문하는 방식으로써 지원서 내용 중 평가하고자 하는 역량이 잘 드러날 수 있는 환경, 성장 과정, 생활 배경 등이 있다면 그러한 내용들을 보다 구체적으로 질문함으로써 해당 역량 수준을 파악하거나 지원자를 보다 잘 이해하기 위해 사용하는 방법이다. 이러한 면접방식은 다른 상황면접(SI)이나 경험행동면접(BEI) 시에 보조적으로 사용되는 방법이다. 전기자료면접은 지원자들의 지원서에 적힌 내용에 따라 질문이 달라질 수 있어서 구조화 정도가 다소 떨어지게 되므로 반구조화된 면접(Semi-Structured Interview)방식이라 한다.

그림 6-1. 면접 유형과 구조화 수준

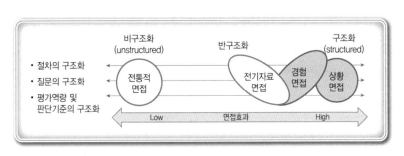

구술 면접 설계 및 도구의 개발

많은 경우 면접 준비는 담당 면접관을 정해서 면접일정과 지원자별 면접 시간표를 작성하는 것이 전부였다. 그러나 구술 면접이 선발도구로서의 제 역할을 다할 수 있기 위해서는 주의깊은 면접 설계가 필요하다. 구술 면접 설계 시 고려해야 할 요소는 평가역량, 면접도구, 면접운영 방식 등이다. 이러한 요소들을 고려하여 면접을 설계할 때의 원칙은 분명하다. 해당 역량이 우수한 지원자를 선별할 수 있는 정도인 '면접의 타당성', 모든 지원자들에게 공정한 기회를 제공하는 정도인 '공정성', 면접관들의 편견과 선입견을 줄일 수 있는 정도인 '객관성', 적은 비용으로 높은 효과를 낼 수 있는 정도인 '효율성'을 높이는 것이다. 이 4가지의 원칙에 대한 우선 순위는 앞에서 밝힌 순서대로이다. 유능한 채용 담당자는 면접의 설계 시 고려해야 할 요소들을 점검하여 정밀한 설계가 이루어질 수 있도록 해야 할 것이다. 이러한 원칙들의 관점에서 평가역량, 면접도구, 면접운영방식의 설계방법에 대해 구체적으로 살펴보도록 하겠다.

그림 6-2. 과학적 면접 설계 시 고려 사항들

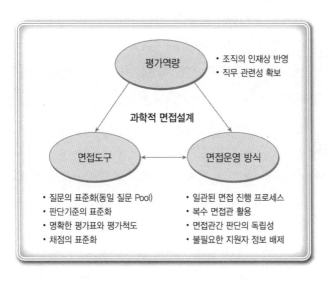

평가역량

면접 설계시 첫 번째로 고려하는 사항은 면접 과정에서 어떤 역량을 평가할 것인가하는 점이다. 면접의 평가역량은 반드시 조직의 인재상과 직무특성을 반영하여야 한다. 인재상은 조직이 추구하는 핵심가치나 공통 역량이 될 수 있으며, 직무관련성이란 해당 직무 수행에 요구되는 공통 직무역량이 될 수 있다. 이러한 요소들은 조직의 역량모델에 포함되어 있으므로, 역량모델 체계가 잘 갖추어진 조직이라면 이를 활용함으로써 상당 부분 해결될 수 있다. 그러나 이것 외에 평가역량을 선정할 때 현실적으로 고려해야 할 요소로 평가용이성과 평가역량 수가 있다.

평가용이성

이는 해당 역량이 평가하기 용이한 것인가의 문제이다. 즉, 면접에서 지원자들은 자신의 장점을 적극적으로 드러내고 단점을 숨기고자 노력하게 된다. 이러한 지원자의 인상관리 행동은 매우 뛰어난 스킬을 지닌 면접관이 아니라면 부정적 측면들을 파악하기 어렵게 한다. 따라서 리더십, 협동심, 목표지향성 등과 같은 긍정적 특성들이 얼마나 많은지를 파악하는 데는 적합하지만, 흥분성, 공격성, 반사회성 등과 같은 부정적 특성들을 파악하는 데는 적합하지 않은 방식이다.

평가역량 수

또 하나 고려해야 할 점은 제대로 된 면접을 위해서는 한 명의 지원자를 대상으로 복수의 면접관이 면접을 실시하는 개별면접이 이루어져야 하는데, 이로 인해 현실적으로 한 사람을 면접하는데 많은 시간을 할애하기 어렵다는 것이다. 대개 하나의 질문에 대해 제대로 된 답변을 듣기 위해서는 2~3분의 시간이 소요되며, 하나의 역량을 파악하기 위해서는 3개 정도의 질문을 던져야 한다. 즉 하나의 역량을 파악하는데 최소 6~9분(평균 7~8분)의 시간이 소요되는 것이다. 따라서 한 명의 지원자에 대해 30분의 시간을 할애한다면 유능한 면접관이라 해도 평균 3~4개의 역량 밖에 파악할 수 없게 된다. 따라서 너무 많은 역량을 파악하고자 욕심을 부리기보다는 면접시간을 고려하여 핵심적인 역량에 초점을 두는 것이 바람직하다. 이는 면접 시간을 늘린다 하더라도 마찬가지인데, 늘린 시간만큼 역량의 수를 늘리기보다는 소수의 핵심적인 역량을 좀 더 충분히 파악하는데 초점을 두는 것이 바람직하다.

면접도구

면접도구는 면접질문, 판단기준, 평가표 등을 보다 더 구조화할 수 있도록 설계해야 한다.

면접유형

평가역량이 정해지면 면접유형을 설정해야 한다. 면접유형은 평가역량에 따라 달라질 수 있는데, 질의 응답 방식의 개별면접은 행동으로 표출될 수 있는 거의 모든 역량을 평가할 수 있지만, 개별면접에도 여러 가지 방식이 있으므로 상황과 목적에 맞게 선택해야 한다. 대표적인 방식으로는 앞에서 밝힌 상황면접(SI)과 경험행동면접(BEI) 방식이 있다.

면접질문 및 판단기준

면접유형이 정해지면 역량 파악에 적합한 질문을 개발해야 하고, 해당 질문에 대한 지원자들의 답변을 통해 평가하고자 한 역량의 수준을 판단할 수 있는 판단기준을 개발해야 한다. 이 때의 질문과 판단기준에는 역량모델의 행동지표가 반영되도록 해야 한다. 즉, 질문은 해당 역량의 행동지표가 잘 드러날 수 있는 과거경험 또는 미래상황을 반영하여야 하며, 판단기준은 지원자의 답변에 드러난 행동들의 역량 수준을 파악하기 위한 것으로서, 역량의 행동지표 수준에서 긍정적인 행동들과 부정적인 행동들이 구체적으로 밝혀져야 한다.

평가표

질문과 판단기준이 개발되면 이를 토대로 평가표를 제작한다. 평가표에는 각 역량별 점수란, 점수부여의 근거(답변 내용)를 적는 '관찰행동'란이 포함되도록 해야 하고, 점수부여시 참고할 수 있는 명확한 평가척도가 제시되어야 한다. 점수부여의 근거가 되는 지원자의 답변 내용을 적도록 하는 것은 면접관이 근거를 가지고 평가하도록 함으로써 평가의 정확성을 높이려는 목적과 함께, 향후 지원자의 이의제기 시에 대응할 수 있는 근거 자료를 확보한다는 두 가지 목적에서이다. '관찰행동'란을 제대로 적을 수 있기 위해서는 면접관들이 면접과정 동안 지원자의 답변내용을 적극적으로 기록하도록 해야 한다.

평가표에 평가 역량 외에 '기타' 항목을 포함하는 것도 좋은 전략이다. 여기에는 평가 역량에 해당되지 않지만 선발결정시 참고할 사항들을 기록하고 평가하도록 한다. 이것은 면접관들의 면접오류를 줄이는데 기여하게 된다. 면접관들의 면접오류의 상당 부분은 자신들이 평가에 반영하고 싶은 것(예, 지원자의 인상이나 특이 행동, 면접관으로서의 직관이나 느낌 등)이 있음에도 불구하고 평가표에 반영할 수 있는 란이 없을 때, 임의적으로 역량별 점수에 반영하게 됨으로써 발생하게 된다. 예를 들어, 지원자가 가만히 앉아 있지 못하거나 발을 흔드는 행동을 보일 때, 면접관들은 지원자에 대해 좋지 않은 인상을 형성하게 되는데, 그것을 평가표에 반영할 수 없을 때는 지원자에 대한 다른 역량점수에 반영하게 될 수 있다. 이러한 결과는 면접의 타당성을 낮출 뿐 아니라 왜곡된 분석결과를 가져오게 되므로, '기타' 항목을 포함하여 면접관의 자유재량을 주는 것이 한 가지 방지책이 될 수 있다. 물론, 기타 항목에 대한 점수를 최종 평가에 반영할 것인가는 별도의 문제이다.

평가척도

평가척도는 5~9점 척도로 구성하되, 단순히 매우 낮음에서 매우 높음과 같은 의미가 아닌 보다 명확한 형태로 구성되어야 한다. 예를 들어, 경험행동면접(BEI)의 경우 해당 역량 발휘 정도, 행동 결과 인식도, 답변의 구체성, 경험의 최근성 등을 고려한 척도개발이 이루어져야 한다. 평가표 작성시 역량별로 점수를 부여할 것인지 질문별로 점수를 부여할 것인가도 중요한 의사결정 사항이다. 질문별로 점수를 부여하는 것이 보다 면접을 구조화하는 전략이며, 향후 보다 구체적으로 면접도구를 분석함으로써 면접의 타당도를 높이는데 기여할 수 있다는 장점이 있는 반면에 면접관들의 재량을 제약함으로써 저항을 가져올 수 있다는 단점이 있다.

채점방식

평가표와 평가척도가 작성되면 개인별 최종 점수를 어떻게 산출할 것인가도 사전에 명확히 정해야 한다. 가장 단순하게 역량별 점수를 단순 평균하는 방식이 있으며, 질문별로 점수를 부여하는 경우에는 질문별 점수를 평균하여 역량 점수를 산출하고 역량별 점수를 평균하여 총점을 산출하는 방법이 있다. 여기에 역량별 가중치를 부여할 수도 있다. 또한 개인의 점수를 산출하는데 있어서 면접관들의 점수를 어떻게 합산할 것인지도 명확히 할 필요가 있다. 단순 평균할 것인지, 아니면 다른 면접관들과 일정 점수 폭을 벗어난 면접관의 점수를 배제하고 합산할 것인지 등을 고려해야 한다. 마지막으로 면접 조간 점수 조정의 방법도 고려해야 할 요인이다. 여러 면접실에서 동시에 면접이 진행되거나 면접관 구성이 서로 다른 경우 면접 조간 점수 차이를 조정하기 위해, 각 면접조내 점수를 표준점수로 전환하거나, 최소한 평균과 표준편차를 일치시키는 것이 하나의 방법일 수 있다.

그림 6-3. 경험행동 면접 질문 및 평가지 예시

경험행동면접 질문 및 평가지

지원분야		지원자		면접관		(인)

팀워크
- 팀 내 구성원들이 하나가 되어 긍정적인 조직문화를 구축하고 이를 통해 다양한 곳에서 높은 성과는 낸다.

주질문	세부질문
A. 소속된 조직 내 구성원들과 협력을 통해 문제를 해결했거나, 좋은 성과를 창출했던 경험에 대해 이야기해 주시기 바랍니다.	[상황 및 과제] 사례와 관련해 당시 상황에 대해 이야기해 주시기 바랍니다.
B. 팀 내 발생한 갈등을 본인의 노력을 통해 해결했던 경험에 대해 이야기해 주시기 바랍니다.	[역할] 조직 내에서 본인이 맡고 있던 역할은 무엇이었습니까?
	[행동] 갈등 해결을 비롯해 팀워크를 위해 지원자께서는 어떤 노력을 하였습니까?
C. 경쟁관계에 있는 팀 또는 개인과 함께 공동 목표를 달성하기 위해 협력했던 경험이 있으면 이야기해 주시기 바랍니다.	[결과] 그래서 그 결과는 어떻게 되었습니까? 지원자의 그러한 행동에 대해 구성원들은 어떤 반응을 보였습니까?

기대행동	평 점
• 주어진 역할 이상의 책임감과 소속감을 지니고 있다.	①-②-③-④-⑤
• 협력 체계 수립 혹은 갈등 해결을 위해 구성원들을 효과적으로 설득한다.	①-②-③-④-⑤
• 상대방의 지원 혹은 이해를 효과적으로 이끌어낸다.	①-②-③-④-⑤

* 척도해설

1 : 행동증거가 거의 드러나지 않음	2 : 행동증거가 약간 드러남	3 : 행동증거가 중간 정도 드러남	4 : 행동증거가 많이 드러남	5 : 행동증거가 매우 많이 드러남

관찰기록:

총평:

면접운영방식

운영방식은 면접이 보다 공정하고 객관적일 수 있도록 설계되어야 한다.

면접 절차

가장 기본적인 요건은 면접의 절차이다. 이를 위해서는 지원자별 면접 시간을 정하고 하루의 면접 일정이 지원자별로 명확히 설계되어 있어야 한다. 또한, 각 지원자별 면접 절차도 명확히 설정되어야 하는데, 모든 지원자에 대해 시작과 마무리의 방식, 질문해야 할 역량의 순서, 역량별 할당 시간, 더 나아가 질문의 수와 질문 내용에 대한 것이 매뉴얼로 제시되어 모든 면접관이 동일한 절차에 따라 면접할 수 있도록 해야 한다.

면접관 수

면접의 객관화를 위한 가장 중요한 요소는 면접관의 수이다. 면접이 객관성을 갖기 위해서는 면접관의 편견이 배제될 수 있도록 해야 하므로 면접관의 수를 복수로 해야 한다. 면접관의 수가 2명일 경우는 서로의 점수가 크게 차이날 경우 누구의 판단이 옳은지 판단하기 어려울 수 있으므로 3명 이상으로 하는 것이 바람직하다. 분석을 통해 특정 면접관의 점수가 일관되게 낮다면 면접관들 간 평균을 일치할 수 있으며, 특정 지원자에 대해서만 낮은 점수를 부여한 경우에는 앞에서 밝힌 것처럼 그 면접관의 점수를 배제하는 등의 방법이 가능하게 된다.

지원자 수

면접의 전체 소요시간을 결정하는 가장 중요한 요소는 동시 면접 지원자 수이다. 지원자 수가 1명인 경우를 개별면접이라 하고 2명 이상인 경우를 집단면접이라 구분하기도 하는데, 엄밀한 의미에서 집단면접은 시간과 비용의 문제에 따른 편의상의 방법일 뿐, 질의응답 방식 면접의 한 형태라 할 수 없다. 특히, 면접 과정에서 개인의 성장과정이나 생활배경 등에 대해 다루게 되는 경우에는 개인 프라이버시의 문제로 인해 구체적인 답변을 듣기가 어려울 수 있으며, 그렇지 않다 할지라도 면접 과정에서 지원자들 간 상호영향력이 크다. 특정 지원자의 답변 내용과 방식, 면접관의 반응 등에 의해서 다른 지원자들의 답변이 달라질 수 있게 되므로 바람직하지 않다. 특히, 지원자들의 전문성, 아이디어, 의견 등을 묻는 경우에는 더욱더 그러하다. 따라서, 면접 시 지원자의 수는 한 명으로 하는 것을 원칙으로 하는 것이 바람직하다.

판단의 독립성

복수 면접관을 활용할 경우 반드시 면접관들 간에 판단의 독립성을 보장해야 한다. 즉, 상호 협의하지 않고 면접점수를 부여하도록 하는 것이다. 점수 부여에 앞서 상호 협의를 하게 될 경우 발언권이 높은 면접관의 의견에 따라 점수가 결정될 가능성이 높고, 이는 복수면접관 활용의 취지와 달리 1명의 면접관이 평가하는 것과 다르지 않기 때문이다. 따라서 면접 후에는 반드시 각자 독립적으로 점수를 부여하도록 하여야 한다.

평가 조정

그러나 각자 점수를 부여한 이후에는 자신들이 부여한 점수를 상호 공개하여 일정 점수폭 이상 상호 차이날 경우 점수를 조정할 수 있도록 하는 것이 바람직하다. 이는 같은 지원자에 대한 면접관 간 점수가 크게 차이가 나는 경우, 그 원인은 누군가의 관찰이나 판단의 오류 때문이며, 따라서 이러한 점수가 최종 점수에 그대로 반영되는 것은 바람직하지 않은 결과를 가져오기 때문이다. 각자의 점수를 공개하여 점수차이가 클 경우 점수부여의 근거를 논의토록 하고, 논의를 통해 자신의 점수가 잘못되었다고 판단될 경우에는 자발적으로 점수를 조정할 수 있는 기회를 가질 수 있도록 한다. 그러나 이것은 자발적 조정일 뿐 합의가 아니며, 서로 의견이 좁혀지지 않는다면 조정하지 않을 수 있도록 해야 한다. 이러한 조정과정은 관찰과 평가의 오류를 감소시킬 뿐 아니라, 개인의 편견이 배제될 수 있도록 하며, 정실이나 청탁에 의한 평가부정의 가능성을 낮추는 효과도 제공한다.

지원자 정보

면접과정에서 고려해야 할 또 다른 요소는 지원자에 대한 정보이다. 많은 경우 면접관들에게 지원자의 모든 정보를 제공하는 경향이 있다. 이러한 과다한 정보는 면접관들의 판단에 도움이 되지 않을뿐더러, 오히려 판단의 오류를 가져올 수 있다. 어떤 정보가 불필요한 정보인지의 기준은 명확하다. 이미 이전 선발 단계에서 평가에 반영된 정보는 불필요한 정보이다. 즉 출신학교나 학점, 영어성적, 인·적성검사 점수 등은 이미 선발에 반영된 점수이므로 제시하지 않는 것이 바람직하다. 이들 정보가 제공될 경우 면접관들은 이러한 객관적 정보에 의존하여 면접 점수를 부여하게 되는 경향이 있기 때문이다.

일부 선발 담당자들의 경우 무자료 면접(Blind interview)이라 하여 지원자에 대한 아무런 정보도 제공하지 않는 경우가 있는데, 이 또한 바람직하지 않다. 무자료라는 것은 편견이나 선입견을 줄 수 있는 정보를 배제한다는 것이지, 아무 자료도 제공하지 않는다는 의미가 아니다. 면접에서 평가하고자 하는 역량을 파악하는데 도움되는 정보는 적극적으로 면접관에게 제공하는 것이 바람직하다. 지원자의 이력서나 지원서 등에서 좋은 질문거리를 찾을 수 있기 때문이다. 이러한 이유에서 불필요한 정보들을 제외한 관련 자료들을 면접관들에게 사전(최소 1일 전)에 제시하여 충분히 검토하고 지원자별로 질문거리를 준비할 수 있도록 하는 것이 바람직하다.

7장. 시뮬레이션 면접

앞 장에서는 면접의 방법 중 구술 면접에 초점을 두어 설명하였다. 이 장에서는 지원자들에게 구조화된 과제를 수행하도록 하고 면접관들은 사전에 설정된 평가기준에 따라 지원자들을 평가하는 시뮬레이션 면접에 대해 소개하고자 한다.

시뮬레이션 면접의 특징

시뮬레이션 면접은 최근 팀장이나 임원들을 대상으로 역량을 평가하는데 활용되고 있는 평가센터(Assessment Center ; AC) 방식을 선발 장면에 적용한 것이다. 평가센터 방식은 평가하고자 하는 역량이 잘 드러날 수 있는 가상의 직무 상황 및 해결해야 하는 과제를 지원자들에게 제시하고 이를 해결하도록 요청하고, 해결한 결과물, 해결 과정, 해결의 근거 등에 대하여 훈련받은 다수의 평가자들이 평가하도록 하는 평가방식을 말한다. 시뮬레이션 면접은 평가센터를 응용하여 평가하고자 하는 역량이 잘 드러날 수 있는 직무관련 과제를 지원자들에게 부여하고 이를 수행하는 과정을 관찰함으로써 지원자의 역량을 파악하는 면접기법이다.

이러한 방식은 이전 장에서 언급했던 바와 같이 경험행동면접(BEI)이나 상황면접(SI) 등이 질의응답을 통해 지원자의 역량을 파악하는 것과 달리 지원자가 과제수행 과정에서 보여주는 행동을 통해 지원자의 역량을 파악한다는 점에서 차이가 있다. 현재의 행동을 평가함으로써 구술 면접이 가지고 있는 지원자들의 거짓응답 또는 부풀려 말하기 등의 문제점이 시뮬레이션 면접에서는 발생하지 않는다는 장점이 있다. 또한 직무와 유사한 상황을 사용한다는 점에서 최근 많이 사용되고 있는 팀워크 게임(예, 도미노 게임, 팀미션 게임 등) 등의 방식과도 구분되며, 실제 직무수행 장면을 반영하기 때문에 평가 결과에 대한 지원자들의 수용성이 높아지게 된다는 장점을 갖는다. 더욱이 서류전형 등이 개인의 과거 수행이나 성취 등을 통해 미래를 예측하는 것이라면 시뮬레이션 면접은 미래의 직무수행을 직접적으로 예측한다는 점에서 보다 높은 타당도를 갖는다는 장점이 있다.

시뮬레이션 면접의 타당성을 직접적으로 보여주는 증거는 그리 많지는 않다. 그러나 평가센터에 대한 20년간의 여러 연구결과들을 통합 분석한 한 연구(Nitin Sawardekar, 2002)[10]에서는 타당성이 r=.65로 매우 높다는 것을 보여주고 있다. 이러한 연구 결과를 고려한다면 평가센터와 유사한 형태인 시뮬레이션 면접의 타당성도 상당히 높을 수 있음을 유추할 수 있다.

그림 7-1. 평가 도구의 타당도

평가 도구	타당도
시뮬레이션 면접(또는 AC 방식)	.65
직무행동 샘플	.55
적성 검사	.53
인성검사	.41
전기자료검사	.38
구조화된 인터뷰	.31
전통적 인터뷰	.15
추천서	.13

※ 자료출처 : Nitin Sawardkar (2002), *Assessment Centers*, A division of Sage Publications

---

10) Nitin Sawardekar, Assessment Centres: Identifying Potential and Developing Competency, Sage Publications, 2002

그러나, 다른 선발 도구들과 마찬가지로 시뮬레이션 면접 또한 모든 역량을 평가할 수 있는 것은 아니다. 이는 시뮬레이션 면접의 평가방식이 갖는 특징에 상당부분 기인한다. 즉, 제한된 시간 동안 지원자들이 과제를 수행하는 행동을 관찰하여 평가하게 되므로 짧은 시간 동안에 직접적인 행동으로 표현될 수 있는 역량이 시뮬레이션 면접 시 평가에 적합할 것이다. 예를 들어, 정보 수집 능력이라 하더라도 어떤 정보가 필요한지를 파악하는 행동은 짧은 시간에 드러나는 행동이지만 지속적으로 정보를 수집하고 관리하는 행동은 장기간에 걸쳐 나타나는 행동이므로 평가하기 어렵게 된다. 이와 마찬가지로 새로운 고객을 만나 제품을 설명하고 설득하는 행동은 평가할 수 있지만 고객과 지속적으로 관계를 유지하는 행동은 평가하기 어렵다. 이러한 행동들은 시뮬레이션 면접보다는 경험행동면접(BEI)을 통해 "지금까지 지속적으로 수집/관리해 온 정보가 있는지"를 질문하거나 "친구들 외에 지속적으로 관계를 유지하고 있는 사람들이 있는지"를 질문함으로써 더 잘 평가할 수 있다. 이러한 이유에서 구술 면접(특히, 경험행동면접(BEI))이 개인의 인성적 측면에 초점을 둔다면 시뮬레이션 면접은 능력적 측면에 초점을 두는 평가기법이다. 따라서 책임감, 성실성, 적극성, 윤리의식과 같은 역량보다는 전략적 사고, 기획력, 정보 분석 능력, 의사결정능력과 같은 역량이 시뮬레이션 면접에 보다 적합하다.

이는 단기간에 드러나는 행동이 주로 개인의 능력에 기반하는 반면에 장기간에 걸쳐 발휘되는 행동은 주로 인성에 기반하기 때문이다. 심리학에서는 인성에 의한 행동을 전형적 행동(Typical Behavior)이라 하고 능력에 의한 행동을 최대수행 행동(Maximum Behavior)이라 하여, 인성을 평가하기 위해서는 장기간에 걸쳐 일상적으로 드러나는 행동을 평가해야 하는 반면 능력을 평가하기 위해서는 짧은 시간 동안에 개인이 최대한의 능력을 발휘했을 때의 행동을 평가하는 것이 더 적절하다고 본다. 시뮬레이션 면접은 후자에 해당한다고 할 수 있다. 시뮬레이션 면접에 적합하지 않은 역량을 시뮬레이션 방식으로 평가하려 하는 경우, 시뮬레이션 과제를 개발하기도 어려울 뿐 아니라 평가의 정확성과 타당성 또한 보장하기 어렵게 된다.

시뮬레이션 면접의 유형

시뮬레이션은 평가하고자 하는 역량이 잘 드러나는 가상의 직무상황을 의미하며 시뮬레이션 면접에서는 직무에서 발생할 수 있는 다양한 상황들을 활용한다. 직무 상황은 크게 혼자서 과제를 수행하는 상황, 상대방(예, 고객, 상사, 동료, 부하)을 상대로 과제를 수행하는 상황, 여러 사람이 함께 과제를 수행하는 상황으로 구분할 수 있으며, 이를 토대로 시뮬레이션 면접의 유형을 크게 '개인과제', '대인과제', '집단과제'로 구분할 수 있다.

개인과제는 실제 회사에서 자기 책상에 앉아 혼자 힘으로 처리해야 하는 업무 상황들을 반영한 것이다. 정보처리 및 분석, 문제해결을 위한 대안의 작성, 의사결정, 새로운 아이디어의 기획 등과 같은 일반적 사무업무 수행 상황 등이 여기에 속한다. 대표적인 과제유형으로는 문서작성 과제(Written Performance Task; WPT)를 들 수 있다. 문서작성 과제는 주어진 자료나 지시에 따라 기획안, 제안서, 보고서 등 특정 형식의 문서를 직접 작성하게 하는 과제로써 언어 표현력, 논리력 등을 평가하는 유용한 기법이다.

대인과제는 다른 사람과의 대화나 상호작용을 통해 처리해야 하는 조직 내 상황이나 업무, 또는 여러 사람들 앞에서 자신의 생각이나 제안을 발표해야하는 상황 등을 반영한 것이다. 고객, 상사, 부하, 기타 업무 관계자와의 의사소통이 요구되는 문제해결, 동기부여, 갈등해결, 이해 조정, 협상, 설득 등의 대인스킬을 요구하여, 대표적인 유형으로는 역할연기(Role-Play; RP), 발표면접(Presentation; PT) 등이 있다. 역할연기(RP)는 특정 인물을 상대로 대화와 상호작용을 통해 자신에게 주어진 과제를 해결해야 하는 과제인 반면에,

발표면접(PT)은 자신의 생각이나 아이디어를 발표의 형태로 상대방에게 전달하는 과제이다. 자세한 내용은 뒤에 언급하도록 하겠다.

집단과제는 여러 사람들과 함께 업무를 처리해야 하는 상황을 반영한 것이다. 이는 회의, 위원회 활동, 다자협상 등 일반적으로 집단 속에서의 문제나 과제를 처리하고 의사소통스킬을 발휘하여 적절한 의사결정, 문제해결, 공동목표달성을 목표로 한다. 대표적인 과제 유형으로는 토론면접(Group Discussion; GD)이 있다. 토론면접(GD)은 여러 사람이 상호 토론을 통해 공동의 목표를 달성토록 하는 과제로, 이에 대해서도 뒤에 구체적으로 설명하고자 한다.

이 외에도 다양한 유형의 과제들이 있으며, 평가하고자 하는 역량이 있다면 그 역량을 평가하는데 적합한 방법들과 과제들을 새로 개발할 수도 있다. 이들 모두에 대해 언급하는 것은 매우 많은 분량의 지면을 필요로 하므로 여기서는 앞에서 밝힌 바와 같이 가장 널리 이용되는 과제유형인 발표면접(PT), 토론면접(GD), 역할연기(RP)에 초점을 두도록 한다.

발표면접(Presentation)

발표면접(PT)은 최근 다양한 조직 및 직급에서 업무수행을 위해 중요하다고 언급되고 있는 발표 역량을 측정할 수 있는 면접방식이다. 특정 주제나 자료를 제시하고, 주어진 시간 내에 자신의 생각을 정리하여 다수의 청중 또는 면접관 앞에서 발표하게 하고, 이에 대해 면접관들이 추가질문을 하는 형태로 진행된다. 대개의 경우 발표시간은 7분 정도에 걸쳐 이루어지게 되고, 추가질문까지 포함하여 전체 15-20분 정도의 시간이 소요된다. 발표력 자체의 평가가 중요한 경우에는 지원자가 시계를 볼 수 있도록 하여, 주어진 발표 시간을 적절히 활용하는가도 중요한 평가 요소로 포함할 수 있으나, 발표력 자체의 평가가 목적이 아닌 경우에는 시간 준수 여부를 평가하는 것은 바람직하지 않다.

발표면접(PT)은 의사소통, 표현력, 창의성, 논리적 사고 등의 역량을 평가하는데 적합한 기법이다. 특히 지원자의 사고능력을 평가하고자 한다면 찬반형이나 대안선택형의 과제가 적합하다. 찬반형은 특정 이슈에 대해 지원자들이 찬성 또는 반대의 입장을 선택한 후 면접관을 상대로 자신의 입장이 타당함을 주장하는 과제이고, 대안선택형은 지원자가 주어진 상황을 고려하여 몇 가지 가능한 대안들 중 특정의 대안을 선택한 후, 자신의 선택이 타당함을 면접관을 상대로 주장해야 하는 과제이다. 두 유형 모두 지원자의 주장이 끝나면 면접관은 추가질문을 통해 지원자의 주장에 대해 반박하는 형태로 면접이 진행된다. 이러한 형태는 지원자의 분석력, 전략적 사고, 판단력 등을 평가하는데 적합한 과제유형이다.

이 외에도 기획형과 문제해결형은 주어진 상황과 환경을 고려하여 창의적인 아이디어를 산출하거나 문제에 대한 해결대안을 제시하여 발표하는 과제이다. 이 경우에도 면접관은 지원자의 아이디어에 대한 심층 질문을 통해 아이디어나 해결대안의 산출과정과 타당성, 실행계획 등을 구체적으로 파악하게 된다. 이러한 과제 유형은 지원자의 창의성, 기획력, 실행력, 문제해결력 등을 평가할 수 있게 된다.

발표면접(PT)에 대한 평가가 명확히 이루어지기 위해서는 발표 과정에서의 행동에 대한 평가 기준이 명확해야 할 뿐 아니라, 면접관이 추가질문에서 사용할 질문들도 구체적으로 개발되어 있어야 한다. 효과적인 질문이 되기 위해서는 모든 질문이 개방형으로 이루어져야 하는데, 주로 "why" 차원(이유/고려요소 등), "what" 차원(목표, 계획, 예상결과 등), "how" 차원(방법, 대책 등)의 형태와 순서로 질문이 이루어지게 된다.

토론면접(Group Discussion)

토론면접(GD)은 지원자들에게 주어지는 역할의 형태에 따라 '역할 있는 토론면접'과 '역할 없는 토론면접'으로 구분된다. 전자는 각 지원자들 한 사람

한 사람에게 구체적인 역할이 부여되는 반면, 후자는 전체 지원자 집단이 하나가 되어 주어진 과제를 수행하게 된다. 토론면접(GD)에서 면접관은 토론과정에 전혀 개입하지 않은 채 지원자들의 발언과 행동을 관찰하여 주어진 역량을 평가하게 된다. 그러나 역할 없는 토론이라 할지라도 원활한 토론 진행이 어렵거나, 특정 인물에 의해 지나치게 토론이 주도되는 경우, 또는 토론이 원하지 않는 방향으로 흘러가는 경우 면접관이 최소한의 개입을 하는 것도 보다 정확한 평가를 위해 도움이 될 수 있다. 일부의 경우 면접관이 사회자의 역할을 하는 경우가 있으나, 이는 지원자들 간의 역량 차이의 변산(variation)을 줄일 수 있으므로 토론 과정에서 자연스럽게 진행자나 리더가 나타나도록 하는 것이 바람직하다.

토론면접(GD)은 발표면접(PT)과 함께 많은 사람들에게 잘 알려져 있는 면접기법이다. 그러나 널리 알려져 있고 많이 활용되고 있기 때문에 지원자들의 사전준비가 철저하게 이루어지고 있는 실정이며, 이로 인해 지원자들을 정확히 평가하기 위해서는 면접관들의 평가능력과 보다 정교한 과제설계와 평가기준의 개발이 요구된다. 토론면접 설계 시 고려해야 할 핵심적인 요소는 집단의 인원 수와 토론시간 및 토론형태이다. 토론이 가장 활발히 이루어질 수 있는 적당한 인원 수는 최대 6명 정도이다. 이보다 많은 경우에는 상호 의견교환이 원활히 이루어지기 어렵게 되며, 토론에서 제외되는 인원이 발생하게 되고, 평가해야 할 지원자 수가 많아 평가가 어렵게 된다. 반면, 이보다 적은 경우에는 역량이 모두 낮은(또는 높은) 사람들 또는 유사한 의견을 가진 사람들만으로 인원이 구성될 확률이 높아지게 되며, 지원자들 간의 상호작용의 정도가 부족해지게 되기 때문에 바람직하지 않다. 토론에 적합한 시간은 한 사람당 10분 정도이다. 그래야 개개인이 각자의 의견을 어느 정도 표출할 수 있게 된다.

마지막으로 토론면접(GD)의 형태는 크게 3가지 형태로 나눌 수 있다. 찬반형은 특정 이슈에 대해 지원자들이 찬성과 반대의 입장을 정한 뒤 상호 토론을 통해 최종 결론을 도출토록 하는 유형이다. 이러한 유형은 자신의 입장을 주장하는 과정에서 설득력, 논리적 사고, 주장성 등을 평가할 수 있으며, 찬성측과 반대측 간의 의견 차이를 조율해가는 과정에서 갈등을 다루는 방법, 의견 차이에 대한 태도, 자기조절능력 등을 평가할 수 있게 된다.

또 다른 형태로는 아이디어 산출형이 있다. 이는 주어진 과제에 대해 각자가 아이디어를 고민한 뒤 토론을 통해 가장 좋은 아이디어를 선택하고 발전시키도록 하는 유형이다. 예를 들어, 특정 제품의 홍보 전략을 수립하거나, 직원들 사기진작을 위한 방안을 계획하는 등 해당 기업의 특성에 맞는 주제를 정하면 된다. 이 유형은 지원자들의 창의성, 개방성, 협조성, 리더십 등을 평가할 수 있으며, 찬반형보다는 약하지만 서로의 아이디어를 주장하고 그러한 과정에서 갈등을 다루어야 하므로 찬반형에서의 평가 역량들도 모두 평가할 수 있다.

세 번째로 문제해결형이 있다. 이는 주어진 자료 안에서의 내용들을 분석하여 합리적인 의사결정을 내리도록 하는 방식이다. 문제의 유형은 특정 프로젝트에 적합한 인력을 선정하거나 특정 인물들에 대한 적절한 징계수위를 결정하는 등에서부터 조직이 처한 내외부 환경을 토대로 적절한 대응전략을 수립하는 등에 이르기까지 다양할 수 있다. 이 유형은 아이디어 산출형에서 평가할 수 있는 역량들 뿐 아니라, 지원자들의 분석력, 기획력, 판단력 등을 평가하는데도 적합한 방식이다. 그러나, 짜임새 있는 과제구성이 요구되므로 개발이 어렵다는 단점이 있다. 대개의 경우 찬반형과 아이디어 산출형은 역할 없는 토론면접(GD)에 활용되는 반면에, 문제해결형은 역할 있는 토론면접(GD)에 많이 활용된다. 이 경우 지원자들이 서로 다른 역할과 서로 다른 정보를 가지고 토론에 임하게 되므로 다른 사람들의 정보를 이해하고 통합하는 역량도 요구된다.

역할 연기(Role Play)

역할 연기(RP)는 약 10~20분 동안 지원자가 특정 인물을 상대로 대화를 통해 주어진 과제를 수행해야 하는 면접 방식이다. 이 때의 상대방은 고객, 정부 담당자, 관련업체 인물, 상사, 동료, 부하, 현장직원 등일 수 있으며, 이러한 역할은 면접관이 담당하거나 또는 별도의 역할 연기자를 활용할 수 있다. 그러나 평가를 위해서는 역할 연기(RP)가 진행되는 동안 면접관이 평가하고자 하는 역량과 관련된 지원자의 언어적 및 비언어적 행동을 꼼꼼히 기록하여야 하므로 평가의 정교성을 높이기 위해서는 별도의 역할 연기자를 두는 것이 보다 바람직하다.

역할 연기를 통해 평가할 수 있는 역량은 과제를 어떻게 구성하는가에 따라 원활한 대인 간 상호작용에 요구되는 다양한 역량들이 모두 가능하다. 특히, 설득력, 의사소통능력, 협상력, 코칭 능력 등을 평가하는데 적합하며, 고객과의 상호작용 과정에서는 고객마인드, 스트레스 내성, 순발력과 임기응변력 등을 평가하는데도 적합하다. 역할 연기 기법은 특히 고객을 직접적으로 대응해야 하는 직무나, 관리자로서 부하직원들을 관리하고 조직을 관리해야 하는 직무에 많이 이용될 수 있다.

역할 연기에서의 과제는 평가하고자 하는 역량에 따라 달라지게 되는데 고객을 직접 대면해야 하는 직무의 경우 까다로운 고객을 설득하거나, 화난 고객에 대응하거나, 고객을 상대로 제품을 판매하는 등의 과제가 주어질 수 있으며, 관리직무인 경우에는 업무를 지시하거나, 부하를 동기부여하거나, 코칭하는 등의 과제가 주어질 수 있다. 역할 연기 시 지원자에게 주어지는 자료는 간단한 상황과 역할만으로도 충분히 역할 연기가 이루어질 수 있는 것이며, 보다 정교한 역할과제를 구성할수록 지원자의 이해력과 분석력 등 인지적인 역량의 영향이 커지게 된다. 그러나 역할연기를 통해 지원자들의 역량을 정확히 평가하기 위해서는, 지원자에게 주어지는 자료와 달리, 평가하고자 하는 역량이 잘 드러날 수 있도록 역할 연기자의 행동 대본이 명확히 개발되어 있어야 하며, 지원자의 다양한 행동에 대해 어떻게 점수를 부여할 것인가에 대한 명확한 평가 기준이 개발되어 있어야 한다.

시뮬레이션 면접 설계 및 도구의 개발

시뮬레이션 면접을 개발할 때는 크게 4단계를 거치며, 각 단계에서 이루어져야 할 개략적인 내용은 다음과 같다.

시뮬레이션 과제 설계

첫 번째 단계는 면접을 설계하는 단계이다. 시뮬레이션 면접을 통해 평가하고자 하는 역량을 명확히 한 후, 해당 역량을 평가하는데 적합한 면접방식을 선택한다. 이 때 한 가지 기법을 활용하기보다는 두 가지 이상의 기법을 활용하는 것이 바람직하다. 또한, 발표면접(PT)이나 토론면접(GD)을 활용하고자 할 때에는 과제유형까지도 구체적으로 선정해야 한다. 면접에 활용할 시뮬레이션 방식이 결정되면, 구체적으로 면접 과정을 설계해야 한다. 즉, 지원자들에게 과제를 제시하여 검토하는 시간과 과제를 수행하는 시간, 그리고 지원자들이 퇴장한 후 면접관들이 평가할 수 있는 시간까지를 함께 설계해야 한다. 더 나아가 2가지 이상의 과제를 활용할 경우에는 과제의 순서와 과제수행실의 운영에 대해서도 고려해야 한다.

시뮬레이션 과제 개발

시뮬레이션 방식과 과제유형이 결정됐으면, 시뮬레이션(즉, 우선 지원자와 면접관에게 부여할 자료)을 개발하기 위한 자료 수집을 실시한다. 우선 회사 내에서 평가하고자 하는 역량이 잘 드러났던 성공·실패 사례를 수집한다. 자료 수집 시에는 개발하고자하는 시뮬레이션의 수보다 여유 있게 수집해서, 직무전문가 (Subject Matter Expert ; SME)[11] 워크숍 등을 통해 보다 적합한 사례를 선정하는 것이 바람직하다. 개발할 사례가 선정되면 이를 토대로 시뮬레이션 과제 구조(Simulation Plot)를 설계하고 스토리보드(Storyboard)를 구성한다. 과제 구조(Simulation Plot)란 과제 상황, 등장 인물들 및 이들 간의 상호관계, 수행과제, 평가역량 등이 포함된 한 페이지의 설계도를 의미하며, 스토리보드(Storyboard)는 과제구조에 따라 자료를 어떻게 구성할 것인지를 각 페이지별로 구체적인 자료내용, 자료형태(이메일, 신문, 보고서 등), 자료 포함 이유, 평가방안 등에 대한 계획을 의미한다. 이 또한 직무전문가 (SME) 워크숍 등을 통해 수정·보완한 뒤, 구체적인 자료개발을 실시한다.

평가체계 개발

시뮬레이션 과제가 완성되면 스토리보드를 토대로 평가하고자 하는 역량별로 구체적인 평가지표를 구성한다. 이 때 중요한 것은 해당 기업의 역량모델에 있는 행동지표를 그대로 사용하는 것이 아니라, 행동지표가 해당 시뮬레이션의 장면에서는 어떤 행동으로 발휘되기를 기대하는지를 구체화하여 평가지표를 구성해야 하는 것이다. 하나의 시뮬레이션에서 너무 많은 평가지표를 사용할 경우 평가가 어려워질 수 있으므로 핵심적인 평가지표들로 평가표를 구성하는 것이 바람직하다.

Pilot Test 실시

이 단계는 완성된 시뮬레이션 과제의 타당성을 검증하는 단계이다. 우선 모의 피평가자들을 대상으로 실제와 동일한 방법으로 모의평가를 실시하고, 그 결과를 분석하여 과제의 난이도, 시뮬레이션 과제의 적절성, 평가지표의 정교

---

11) 내용 전문가 (Subject Matter Expert ; SME) : 직무관련 내용에 대해 전문적 지식과 경험을 가지고 있는 사람으로 특정 업무나 주제에 대하여 잘 알고 있기 때문에 직무 관련 정보를 제공해 줄 수 있는 자격을 갖춘 사람을 말한다

성, 시간의 적절성 등을 평가하고 이를 토대로 시뮬레이션 과제, 평가표, 평가 운영방식 등을 개선한다.

최근 정부기관과 일부 기업들을 중심으로 기존의 단편적인 선발방식에서 벗어나 시뮬레이션을 활용한 면접에 많은 관심을 보이고 있다. 시뮬레이션 면접은 기존의 면접방식이 지원자들의 기본적인 역량이나 인성에 초점을 두는 것에서 벗어나, 보다 직접적으로 지원자들의 직무역량을 평가할 수 있는 방식이라는 점에서 추가적으로 관심을 가져볼 만하다 하겠다.

8장. 선발의 의사결정과 타당성

　모든 조직이 새로운 인력들을 채용하기 위한 의사결정을 하고 있으나 그러한 의사결정이 정말로 잘 되고 있는지에 대해서는 상대적으로 관심이 부족했다. 아직까지 국내에서는 선발 의사결정에 대한 법적 소송이나 분쟁이 거의 이루어지고 있지 않으나, 국민들의 의식수준이 높아지면서 선발의 공정성에 대한 관심이 증가하고 있으며 선발의 공정성에 대한 법적인 요건이 강화되고 있으므로 이에 대한 대비가 필요하다. 또한 이러한 수동적이고 방어적인 접근 뿐만 아니라 보다 능동적으로 선발 의사결정에 대한 지원자들의 수용성을 높이고, 기업의 이미지를 제고하며, 더 나아가 기업이 요구하는 인재를 선발할 수 있도록 선발과정을 지속적으로 개선해 나감으로써 기업의 경쟁력과 성과 향상에 기여할 수 있도록 하는데 있어서도 선발의 타당성에 대한 관심이 필요하다.

　타당성이란, 선발에서의 의사결정이 향후 직무수행을 얼마나 잘 예측해주는가의 정도를 의미한다. 따라서, 타당성을 높이기 위해서는 선발과정에서의 평가 내용이 실제적인 직무내용 및 직무수행 요건과 밀접한 관련성이 있어야 하며, 그 관련성의 정도가 선발에서의 점수와 직무 성과간의 경험적 상관을 통해 입증되어야 한다. 이러한 관련성의 정도를 타당도(Validity)라 한다. 선발에서의 최종합격 여부 뿐 아니라 선발 단계별로 이루어지는 모든 의사결정은 지원자들의 점수에 토대를 두므로, 그 타당성에 대한 통계적 검토가 가능하다.

그러나 타당도 연구는 선발 점수와 준거(예, 직무성과)와의 관련성만을 대상으로 하므로, 선발 점수 자체가 얼마나 신뢰성이 있는가에 대해서는 정보를 제공하지 못한다. 즉, 선발 과정에서 다양한 단계와 평가를 거쳐 평가점수가 산출되며, 이렇게 산출된 평가점수의 신뢰로운 정도를 신뢰도(Reliability)라 한다. 평가점수의 신뢰도는 타당도에 있어서 선결요건이 된다. 평가점수 자체를 신뢰할 수 없다면 평가점수의 타당도를 기대할 수 없게 되며, 만일 평가절차가 신뢰도가 낮지만 높은 타당도를 갖는 것으로 나타났다 해도 이러한 결과는 진정한 타당도가 아닌 다른 가외요인에 의한 결과라 할 수 있다. 예를 들어, 좋은 학교 출신자들이 선발 과정에서 높은 점수를 받고, 또 입사 후에도 명문대 출신이라는 이유로 높은 평가점수를 받게 되는 경우가 그 단적인 예라 할 수 있을 것이다.

선발 의사결정의 타당성이 갖는 중요성에도 불구하고, 지금까지 중요하게 고려되지 않아 온 데에는 타당성의 중요성이나 필요성에 대한 인식 부족, 선발 방식의 잦은 변화, 채용 담당자의 잦은 교체 등에서도 이유를 찾을 수 있으나, 가장 큰 이유는 타당성을 입증하는 방법을 모르기 때문일 것이다. 따라서, 여기서는 선발 타당성의 개념과 필요성, 그리고 타당성 분석의 방법과 활용 방안에 대해서 다루고자 한다. 그러나 타당성 입증의 방법이 매우 전문적이므로 타당성의 주요 개념과 개략적인 방법에 대해 설명하는데 초점을 둘 것이다.

선발 의사결정의 유형과 선발전략

모든 선발 의사결정의 일차적 목표는 지원자들 중 향후 직무수행 수준이 높을 것으로 예상되는 지원자들을 합격시키고, 직무수행 수준이 낮을 것으로 예상되는 지원자들을 탈락시키는데 있다. 따라서, 선발 의사결정의 타당성은 선발점수와 업무성과의 2가지 차원에서 고려해야 한다. 선발점수 차원은 선발

점수가 합격점수(Cutoff-line)보다 높아 합격한 사람들(A, C)과 불합격한 사람들(B, D)로 구분되며, 업무성과 차원은 업무수행 능력이 우수한 사람들(A, D)과 우수하지 못한 사람들(B, C)로 구분된다. 이 두 차원에 따라 선발 의사결정은 그림 8-1과 같은 4가지의 경우로 나타나게 되는데, 이 중 A와 B의 영역은 합격시켜야 할 사람을 합격시키고 탈락시켜야 할 사람을 탈락시킨 잘된 의사결정의 부분이다. 반면에 C와 D 영역은 합격시켜야 할 사람을 떨어뜨리고 탈락시켜야 할 사람을 합격시킨 잘못된 의사결정의 부분이다. 따라서, 선발 의사결정은 잘못된 의사결정(C와 D의 영역)을 줄일 수 있도록 이루어져야 한다. 특히, 기업의 입장에서는 D영역보다 C영역을 줄이는 것이 보다 중요하게 된다. 이는 D영역의 사람들은 회사에 입사하지 않게 되므로 문제되지 않는 반면에, C영역의 사람들은 회사에 입사하여 문제를 일으킬 수 있기 때문이다.

그림 8-1. 선발 의사결정의 네 가지 유형

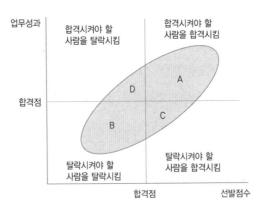

C영역을 줄이기 위한 대표적인 네 가지 전략이 있다(그림 8-2 참조). 이 중 가장 손쉬운 방법은 선발점수의 합격점을 높이는 전략이다. 이 전략은 합

격기준을 높이기만 하면 되므로 매우 쉽게 실시할 수 있지만, 합격자의 비율이 줄어들게 되므로 목표한 모집인원을 충원하기 위해서는 보다 많은 지원자들이 지원하도록 하여 경쟁률을 높여야 하는 부담이 있다. 또한, 우수한 지원자들의 지원 없이 경쟁률만을 높이게 되면 선발 결정이 지원자들간의 실제 실력에 의한 차이보다는 우연(예, 그날의 컨디션, 운 등)에 의해 결정될 확률이 높아지게 된다는 단점이 있다.

그림 8-2. 'C영역'을 줄이기 위한 선발 전략

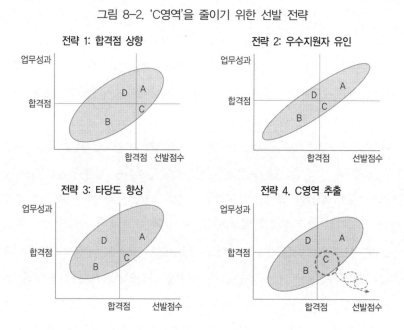

두 번째 전략은 우수지원자들을 유인하는 전략이다. 즉, 우수한 지원자들의 지원을 유도하고 우수하지 않은 지원자들의 지원은 낮추는 전략이다. 이 전략은 매우 효과적인 전략이며, 기업이 항상 추구해야 할 선발전략이다. 그러나 우수한 지원자들의 탈락률이 높아지게 되므로 기업의 입장에서 부담이 될 수 있고, 공정성에 대한 의문이 제기될 수 있으며, 우수한 지원자들이 높은 탈락률에도 불구하고 지속적으로 지원하도록 유인하기 위해서는 높은 급여, 브랜드 이미지, 높은 성장성 등의 유인책을 제시할 수 있어야 하므로 일부 대기업이나 업계 선도기업 외에는 지속성을 유지하기 힘든 전략일 수 있다.

세 번째 전략은 선발에 사용되는 도구들의 타당도를 높이는 전략이다. 즉, 지원자들의 향후 직무수행 수준을 더 잘 예측할 수 있는 선발도구를 사용하는 선발전략이다. 이를 위해서는 선발에 사용하는 도구들이 해당 직무수행에 요구되는 역량들을 잘 평가할 수 있도록 설계함으로써 선발점수가 직무수행 수준을 잘 예측할 수 있도록 하는 것도 중요하며, 또한 사용된 선발도구들이 직무수행 수준을 얼마나 잘 예측하는지(즉, 타당도)를 평가하여 타당도가 낮은 선발도구를 개선하는 노력도 함께 요구된다. 이 전략은 C영역 뿐 아니라 D영역의 비율도 동시에 줄이므로 어떠한 부정적 효과도 나타나지 않는 가장 효과적이고 바람직한 전략이라 할 수 있다.

마지막으로, C영역을 줄이는 또 한 가지 전략은 C영역에 해당되는 지원자들을 타겟으로 스크리닝할 수 있는 선발도구를 활용하는 전략이다. 성과가 저조하거나 조직생활에 적응하지 못하는 원인은 역량이 부족하기 때문일 수도 있지만, 상당히 많은 부분은 직무수행과 조직생활의 적응에 저해가 되는 특성들을 가지고 있기 때문이다. 그럼에도 불구하고, 거의 모든 선발과정이 역량이라는 밝은 측면들에만 초점을 둘 뿐 어두운 측면(Dark side)들에 대해서는 간과하고 있다. Hogan 박사는 직무수행과 직장생활 적응을 저해하는 11가지의 성격특성들을 밝혀내고, 이를 측정할 수 있는 성격검사인 HDS(Hogan Development Survey)를 제시하였으며, 비슷한 이유에서 필자 또한 조직생활에서 문제가 될 수 있는 대표적인 성격특성들을 측정할 수 있는 ONPI (ORP Negative Personality Inventory)를 개발하여 활용하고 있다. 역량에 대한 측정에 더하여 이러한 도구들을 사용하여 어두운 측면을 측정하는 것이 C영역을 줄이는데 도움이 될 것이다.

지금까지는 선발 의사결정의 유형에 대한 이해를 통해 잘못된 의사결정을 줄이는 것이 선발 의사결정의 목표가 되어야 하며, 그 가장 좋은 방법이 선발의 타당성을 높이는 전략임을 살펴보았다. 타당성을 높이는 방법은 크게 두 가지이다. 하나는 신뢰도와 타당도가 높은 선발과정을 설계하는 것이고, 다른 하나는 이미 사용 중인 선발도구의 신뢰도와 타당도를 분석하여 개선하는 것이다. 1장부터 7장까지 제시한 내용들이 신뢰도와 타당도가 높은 선발과정을 설계하는 것과 관련되었다면, 이 장에서 제시하는 내용은 선발도구의 타당성을 분석하고 이를 토대로 선발과정을 개선할 수 있도록 하기 위한 것이다. 지금부터는 선발의 타당성을 어떻게 분석하고 활용할 수 있을지에 대해 설명하고자 한다.

선발점수의 타당성

선발 과정에서는 지원자들을 평가한 결과로서 많은 점수들이 산출된다. 이들 점수는 선발 과정을 통해 평가하고자 했던 역량을 지원서, 추천서, 시험, 인·적성검사, 면접 등의 방법으로 평가한 결과이다. 따라서, 선발점수의 타당성이란, 이렇게 산출된 점수들이 실제로 평가하고자 의도했던 역량을 제대로 평가하여 산출된 것인지 아니면 역량과 무관한(지원자들의 역량이 아닌 다른 무엇인가를 평가한) 점수들인지를 의미한다. 예를 들어, 면접을 통해 리더십을 평가하고자 했다면, 지원자들 중 리더십이 높은 사람들은 리더십 역량에서 높은 점수를 부여받고, 리더십이 낮은 지원자들은 낮은 점수를 부여받아야 선발점수가 타당하다 할 수 있는 것이다.

선발검사의 신뢰도

선발점수가 타당하기 위해서 갖추어야 할 가장 첫 번째 조건은 신뢰도이다. 신뢰도란, 같은 지원자를 반복해서 평가해도 동일한 결과가 산출되는 정도를 의미한다. 오늘 10명의 지원자들에 대해 적성검사를 실시하여 얻어진 순위와 일주일 전에 동일한 방법으로 동일한 지원자들을 평가한 순위가 전혀 일치하지 않는다면, 그 점수를 신뢰하기 어려울 것이다. 이렇듯 우리가 어떤 선발도구를 신뢰할 수 있기 위해서는, 그 도구를 통해 얻어지는 결과가 시간을 두고 반복했을 때에도 일관성 있게 유지되어야 하는 것이다.

앞서 언급한 바와 같이 신뢰도는 타당도의 선결요건이므로, 신뢰도가 낮은 도구는 우수한 인재를 변별해 줄 수 없다. 따라서, 어떤 선발도구(예, 인·적성검사)를 도입하고자 할 때에는 신뢰도가 입증되었는지, 어떤 방법으로 입증되었는지(예, 누구를 대상으로, 얼마나 많은 인원수를 대상으로, 언제 등), 입증되었다면 얼마나 신뢰도가 높은지(예, 상관계수로 r=.7 이상, 최소 .6 이상) 등을 확인해야 한다. 또한, 이미 도입해서 사용하고 있는 선발도구의 신뢰도를 분석하여, 신뢰도가 낮을 때에는 선발도구를 개선하거나(예를 들어, 인·적성검사의 경우 신뢰도를 떨어뜨리는 문항을 수정하거나 삭제하는 방법 등), 다른 선발도구로 교체해야 한다.

면접관 간 일치도

인·적성검사와 같은 선발도구를 이용한 경우와 달리, 여러 명의 평가자들이 동일한 지원자를 평가하는 면접전형(때로는 서류전형) 경우에는 '면접관 간 일치도'라는 또 다른 신뢰도의 개념이 요구된다. 이는 복수의 면접관이 동일한 지원자들을 평가했을 때의 결과가 서로 일치하는가를 의미한다. 면접관 간 일치도는 평균과 순위라는 2가지 측면에서 파악해야 한다. 면접관 간 평균의 차이는 평균간 차이검증에 대한 통계적 분석방법들(예, 면접관이 2명일 때 t-검증, 2명 이상일 때 ANOVA 등)을 활용할 수 있으며, 면접관 간 순위의 일치도는 일치도 분석 방법들(예, Cronbac's alpha계수, Cohen의 kappa 계수, 순위상관계수 등)을 활용할 수 있다.

평균과 순위의 측면에서 면접관 간 일치도가 낮은 경우는 크게 3가지 경우가 있게 된다. 평균은 일치하지 않으나 순위가 일치하는 경우, 평균은 일치하나 순위가 일치하지 않는 경우, 그리고 평균과 순위 모두가 일치하지 않는 경우이며, 각각의 경우에서 일치도가 낮은 원인이 다르므로 이를 높이기 위한 방안 또한 달라지게 된다.

첫째, 순위만 일치하는 경우는, 특정 면접관이 관대하거나 엄격하게 평가하는 경향이 있을 때, 면접관 간에 평가 기준에 대한 눈높이가 다를 때 나타나게 된다. 이러한 경우는, 다른 면접관들에 비해 전반적으로 평균이 높거나 낮은 면접관의 점수를 일괄적으로 조정(예, 전체 평균과 같도록 조정)하여 해결할 수 있으며, 향후 면접관들이 눈높이를 일치시킬 수 있도록 평가기준을 보다 명확히 함으로써 개선될 수 있다.

둘째, 평균만 일치하는 경우는, 두 면접관이 지원자의 서로 다른 측면을 평가하고 있거나, 동일한 역량을 평가할 때 사용하는 평가지표(어떤 답변에 대해 어떤 점수를 부여해야 하는지에 대한 세부 지침)가 다르거나, 심지어는 역량에 무관하게 임의대로 점수를 부여하고 있기 때문일 수 있다. 면접관이 두 명이라면 어떤 면접관이 잘못 평가하고 있는지를 판단할 수 없지만, 세 명 이상일 경우에는 다른 면접관들과 일치도가 낮은 면접관을 파악하여 그 점수를 제외시킴으로써 문제를 해결할 수 있게 된다. 또한, 향후 면접을 통해 평가하고자 하는 역량이 무엇인지를 명확히 하고, 각각의 역량을 파악하기 위해 사용할 수 있는 질문들과 각 질문별 평가지표를 구체화함으로써 개선될 수 있다.

셋째, 평균과 순위가 모두 일치하지 않는 경우는, 전반적으로는 면접관들의 평가가 일치함에도 불구하고 특정 지원자에 대해서만 면접관들 간 점수 차이가 매우 큰 경우이거나, 또는 앞에서 밝힌 두 가지 경우(평균만 일치하는 경우와 순위만 일치하는 경우)가 동시에 발생하는 경우이다. 전자의 경우는 평가가 불일치하는 지원자에 대해서 면접관간 논의와 조정을 실시함으로써 문제를 해결할 수 있다. 특정 지원자에 대해서만 평가가 불일치하는 경우는 대개 면접관 중 어느 한 쪽이 지원자의 이야기를 듣지 못했거나 잘못 해석한 경우일 수 있으며, 때로는 지원자의 일부 행동이나 특성에 지나치게 반응하여 다른 역량들에 대해서도 과다하게 높게(또는 낮게) 평가했을 수 있기 때문이다. 따라서, 면접관 간에 자신의 점수부여 근거에 대해 논의토록 함으로써 조정이 이루어질 수 있게 된다. 그러나, 후자의 경우는 해결하기가 쉽지 않은데, 평균만 일치하는 경우처럼 면접관이 세명 이상일 때에는 다른 면접관들과 일치도가 낮은 면접관을 파악하여 점수를 배제할 수 있으며, 또한 다른 면접관들과 평균이 차이나는 면접관을 파악하여 평균을 조정하는 방법이 있을 수 있다.

선발 결과의 타당성

선발 결과의 타당성이란, 선발점수가 높은 사람일수록 입사 후 업무성과나 업무태도 등이 좋은가의 정도를 말한다. 선발점수 자체가 아무리 신뢰할만하다 할지라도, 선발 과정에서 높은 점수를 받은 지원자들이 직무에서 우수한 성과를 발휘하지 못한다면, 선발이 의미 없는 과정이 되기 때문이다.

그림 8-3. 선발 결과의 타당성 분석 모델

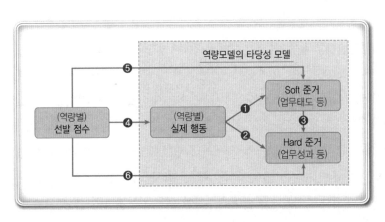

역량모델의 타당성

선발 과정이 타당한가를 검토하기 위해서는 우선 선발에서 평가하고자 한 역량이 해당 조직에서의 업무태도나 업무성과에 있어서 정말로 중요한 역량들이 맞는가를 먼저 검토해야 한다. 왜냐하면 선발 과정은 지원자들의 업무태도와 성과를 직접 평가하는 것이 아니라 그러한 업무태도와 성과달성에 중요하다고 생각되는 역량을 간접적으로 평가하기 때문이다.

역량모델의 타당성 분석은 자사의 역량모델이 업무태도나 업무성과와 같은 준거들을 잘 예측하는지를 검증하는 것이다. 역량모델에서 설정한 역량들에서 높은 평가를 받은(역량 행동지표에 부합하는 행동을 보이는) 사람들이 실제로 업무나 조직에 대한 태도가 우수하고 업무성과와 조직적응이 뛰어난가를 파악하는 것이다. 많은 기업들이 역량모델을 만드는데는 많은 시간과 비용을 투자하면서도, 개발된 역량모델이 타당한가에 대해서는 관심을 보이지 않는 경향이 있다. 현대의 인사가 역량모델에 기반하고 있다는 점에서 역량모델의 타당성 검증은 반드시 필요한 절차이다.

역량모델의 타당성 검증을 위해서는 그림 8-3에 제시된 line 1, 2, 3에 대한 분석이 모두 이루어져야 한다. 많은 경우 역량모델이 고성과자들의 공통된 행동 특성을 모아둔 것이므로 line 2만을 분석하면 된다 생각할 수 있지만, line 1이 고려되지 않은 역량모델은 단기성과만을 예측하는 것일 수 있으므로, line 2만 유의미하고 line 1은 유의미하지 않게 나타난다면 역량모델이 바르게 설정되지 않았다고 할 수 있다. 또한, line 3이 유의미하지 않다면 조직의 성과지표가 잘못 설정되어 있음을 의미할 수 있다. 예를 들어, 업무 열정이 높고 열심히 노력해도 성과를 낼 수 없다거나, 고과점수를 높게 받을 수 없도록 성과지표가 설정되어 있다면, 성과지표로서 바람직하지 않은 것이며 따라서 그러한 성과지표를 달성하는데 도움되는 역량모델 또한 올바르게 설정되지 않았다 할 수 있는 것이다.

선발의 예측 타당성

이 글의 앞에서 선발점수가 업무성과와 관련된 정도를 타당도라 했지만, 사실 타당도의 종류는 매우 많으며 특별히 이러한 유형의 타당도를 준거타당도 (Criterion-related validity)라 한다. 준거타당도란, 선발점수가 준거를 예측하는 정도를 의미한다. 여기서의 준거는 소프트 준거(예, 업무열정, 직무만족, 조직몰입 등)와 하드준거(예, KPI 점수, 업적고과점수 등) 뿐 아니라, 실제의 역량발휘 행동이 된다. 선발과정에서 지원자들의 역량에 대한 평가는 지원자들의 경력, 지원자들이 하는 말, 심리검사에 대한 응답 등을 통해 이루어진 것이다. 선발과정에서는 누구나 자신을 우수한 인재로 보이도록 노력하므로, 선발에서의 역량점수와 그들이 정말로 그러한 역량을 업무장면에서 발휘하는가는 반드시 일치하지 않을 수 있다. 그러나, 선발의 목적은 좋은 학교를 나오고, 학교 성적이 우수하며, 면접이나 토론을 잘하는 사람을 가려내는 것 자체가 아니라 업무수행에서 역량을 발휘할 수 있는 사람들을 가려내기 위한 것이므로, 선발점수가 실제 업무행동과 성과를 예측하고 있는가에 대한 분석이 반드시 이루어져야 한다.

그림 8-3에서 line 4는 선발 도구들을 통해 리더십이 높다고 평가된 사람들이 실제로 업무장면에서도 리더십을 잘 발휘하는가를 분석하는 것이다. 이러한 분석은 준거타당도 분석에서 가장 1차적인 분석의 대상이며, 역량모델이 잘 설정되어 있다면 line 4가 유의하다는 것만으로도 준거 타당도가 있다고 말할 수 있게 된다. line 5와 6을 추가로 분석하는 것은, 첫째, 역량모델이 개인의 모든 직무행동을 포함하고 있지 않으므로, 역량모델로 설명되지는 않지만 선발과정을 통해 추가로 예측할 수 있는 부분이 있는가를 파악하기 위한 것이며, 둘째, 이러한 파악을 통해 선발도구의 점수산출 방법이나 선발도구를 개선하기 위한 것이다. 예를 들어, 분석 결과를 토대로 선발도구들 중 소프트준거나 하드준거에 대한 예측력이 높은 도구에 대해 가중치를 더 높일

수 있으며, 반대로 예측력이 낮은 도구들에 대해서는 가중치를 낮출 수 있게 된다.

　그러나, 이러한 준거타당도 연구는, 선발을 실시하고 나서 최소한 2~3년이 지난 후에 신입사원들에 대한 준거자료를 수집해야 가능하게 된다. 따라서, 지금 당장 선발과정을 개선하고자 하는 기업의 입장에서는 새로운 선발도구가 타당한지를 파악하기 위해 2~3년을 기다린 뒤 타당도 분석을 실시하고, 그 결과를 토대로 새로운 선발도구를 도입할지 말지를 결정하는 것이 어렵다. 이러한 문제점을 극복하기 위해 제시된 방법이 동시타당도이다. 즉, 새로운 선발도구를 현재 재직중인 자사 직원들에게 적용하여, 우수한 성과를 내는 직원들이 그렇지 못한 직원들에 비해 높은 점수가 나오는지를 파악하는 방법이다. 그러나 엄밀한 의미에서 우수한 역량을 보유한 직원들이 인·적성검사나 면접에서 높은 점수를 받는다는 것이 역으로 면접이나 인·적성검사에서 높은 점수를 받은 사람이 우수한 역량을 발휘할 것임을 의미하는 것은 아닐 수 있다. 이는 운동신경이 좋으면 자동차 운전을 쉽게 배울 수 있고 운전을 잘 할 수 있는 요건을 갖추고 있다고 말할 수 있지만, 이미 자동차 운전을 잘하게 된 사람들이 운동신경도 좋을 것이라고 얘기할 수는 없는 것과 같은 이치이다. 따라서, 새로운 선발도구를 도입하기 위한 과정에서 보다 타당도를 높이기 위해 동시타당도 연구를 실시했다 하더라도, 반드시 일정기간 이후에 준거타당도 분석을 통한 타당성 검증이 이루어져야 한다. 준거타당도는 우수한 인재 선발의 핵심 요건인 동시에 법적 소송에 대비할 수 있는 가장 강력한 무기이다.

9장. 과학적 선발체계 적용 사례

이 장에서는 지금까지 살펴본 과학적 선발체계 설계의 원리 및 방법을 실제로 적용했던 기업의 사례를 살펴보고자 한다. 과학적 선발체계를 실제로 적용하기 위해서는 현업의 니즈뿐만 아니라 채용관련 인프라, 자원 등을 고려하여 기업의 상황에 적절한 이론적 원리 및 방법을 적용하게 된다. 기업에 따라 모든 채용 전형을 개선하기 어려울 수도 있고, 면접 전형의 일부분만을 개선할 수 밖에 없을 수도 있다. 즉, 과학적 선발체계 구축의 정답을 찾기보다는, 현재 가지고 있는 자원들과 제약점을 고려하여 최적의 방안을 도출하는 것이 중요하다.

이 장에서 제시하고 있는 A그룹은 2010년부터 '다양한 인재 pool 확보'를 강조하며, 경영진 및 전사적 지원아래 모집 단계부터 서류전형, 필기전형, 면접전형에 이르기까지 모든 전형을 개선하였다. 개선을 위해 채용 현황 진단부터 실시하였으며, 각 전형별 평가요소 설계 및 평가도구 개발 과정에서 현업 팀장들의 의견을 적극적으로 반영하였다.

A그룹의 기존 선발제도는 전반적으로 학교 및 학점과 같은 스펙에 의한 전형의 비중이 높고, 각 전형별 평가요소 및 평가기법의 구조적 설계가 미흡하였다. 현업 분야별 특성이 고려되지 않은 채 핵심가치 중심의 일관된 평가요소 적용과 평가자 재량에 의존한 평가도구들로 인해 평가의 일관성과 신뢰성이 낮은 상태였다.

이러한 상황에서 A그룹은 선발의 타당성 및 신뢰성을 제고하고, 궁극적으로는 조직 적합도와 직무 적합도를 갖춘 인재의 효율적 선발을 위해 채용제도를 개선해나갔는데, 그 주요 방향은 과학적이고 체계적인 선발체계를 재설계하고, 전형별 적합한 선발도구의 개발 및 정교화였다.

그림 9-1. A그룹 선발제도 개선 단계 및 세부활동

선발제도 개선 단계	세부 활동
Step 1. 전형별 평가요소 규명 및 선발체계 재설계	• 채용전형별 평가요소 구체화 : 평가요소 정의 및 행동지표 개발 • 채용전형별 평가요소×기법 Matrix 설계 • 채용전형별 진행 절차 표준화
Step 2. 전형별 평가도구 개발	• 서류전형 : 입사지원 및 자기소개서 구성 항목 및 평가체계 구축 • 필기전형 : 평가요소/개발문제 타당성 검증 및 문제은행 관리 강화 • 1차 실무면접 : 경험행동면접(BEI) 질문 및 평가지 개발, 발표면접 　(PT) 과제 원형 및 출제위원용 가이드 개발 • 2차 임원면접 : 조직적합도 평가도구 개발(질문, 판단기준, 평가표)
Step 3. 면접위원 교육 및 매뉴얼(가이드) 개발	• 면접위원 교육과정 설계 • 기본 및 심화교육과정 실시 • 면접위원용 매뉴얼 개발

구체적으로 A그룹의 기존 채용제도 현황 및 문제점, 개선 방안은 다음과 같다.

전형별 선발 평가요소의 재설계

A그룹이 선발체계의 개선을 위해 가장 먼저 시행한 것은 선발 인재상의 정립, 즉, 선발의 각 전형별 평가요소를 명확히 규명하는 일이었다. A그룹은 채용 전형을 통해 핵심가치와 직무역량을 평가하고 있었으나, 채용분야의 특성을 고려하지 않고 평가요소를 적용하고 있었다. 구체적으로 모든 핵심가치가 모든 직무분야에서 중요하게 요구되지 않음에도 불구하고 모든 직무분야에 공

통으로 적용하였고, 직무역량도 직무별 공통 역량을 적용하고 있어, 직무별로 차별화된 요소를 반영해달라는 현업의 목소리가 커져갔다. 예를 들어, 연구직에서는 전공지식에 대한 이해가 중요하고, 생산직에서는 학벌보다는 적응력이, 재경분야에서는 재경에 대한 지식과 세밀한 일처리가 중요하며, 이러한 측면을 채용에서 검증해달라는 것이었다.

이에 따라, A그룹은 기존의 핵심가치 요소에 대한 분석과 직무역량모델링을 통해 직무분야별로 주요하게 요구되고, 직무 수행 성과에 영향을 미치는 핵심가치 요소 및 직무역량을 도출하였다. 도출된 역량들중 학습을 통해 개선이 어렵고, 서류전형, 필기전형, 면접전형을 통해 평가가능한 요소들을 선정하여 선발의 평가요소로 설정하였다.

서류전형의 개선

서류전형 단계에서는 학교, 학점, 전공, 외국어 성적, 경력 등의 항목으로 구성된 입사지원서와 지원동기, 핵심가치 등의 항목으로 구성된 자기소개서를 적용하고 있었다. 입사지원서를 통해 학교, 학점 중심의 평가가 이루어져 출신 학교가 다양하지 않고, 비슷하게 높은 학점을 받은 유사한 인재들이 선별되는 경향이 있었다. 또한, 우수한 학교를 높은 학점으로 졸업한 인재라고 현업에서 탁월한 업무수행능력을 발휘하는 것도 아니어서 학교, 학점 이외의 항목들에 대한 검증의 필요성이 대두되었다. 한편, 다수의 지원자들이 '학벌로 차별하는 회사', '학점이 우수하다고 좋은 인재는 아닌데 학점 중심으로만 평가하는 회사', '서류전형에서 너무 많이 떨어뜨리는 회사'와 같이 부정적으로 인식하고 있어, 지원자들의 인식 변화를 위한 노력도 필요한 상황이었다.

이러한 상황에서 서류전형의 개선을 위해 학교, 학점과 같은 스펙이외의 다양한 측면을 검증할 수 있도록 입사지원서의 항목을 재설계하였다. 구체적으로 경력과 관련하여 직장, 경력, 인턴과정, 프로젝트, 아르바이트 등과 같은 활동 뿐만 아니라 기타 다양한 교내 활동, 봉사활동 등을 포함한 사회활동 등에 대해서도 검증할 수 있도록 항목을 추가하였으며, 취미 및 특기와 같이 직무 수행과 관련성이 매우 적은 항목은 삭제하였다. 또한 자기소개서를 보다 더 객관적으로 평가할 수 있도록 평가 항목 및 평가기준을 구체적으로 설정하였다.

이와 더불어, 수천명 이상의 인원이 지원함에도 불구하고 채용팀 전원이 약 일주일동안 직접 서류들을 검토하고 평가하여 많은 비용이 투입되었으며, 인적 오류가 발생할 가능성이 높아지게 됨에 따라, 서류평가의 전산화를 실시하였다.

필기전형의 개선

필기전형 단계에서는 조직적합도 및 성격·인성적 요소 17개 영역으로 구성된 인성검사와 기본 직무적성 9개 영역으로 구성된 적성검사를 자체 개발하여 필기전형을 실시하였다. 평가자의 개입 및 주관적 판단이 개입하지 않고 객관적인 점수로 평가 결과가 산출됨에 따라 평가의 객관성과 신뢰도는 높았다.

그러나 모든 계열사, 모든 모집 분야 공통적으로 동일한 평가영역에 대한 시험을 실시하여 계열사별 추진 산업 및 사업 특성, 모집 분야별 직무 특성을 반영하지는 못하였다. 이에 따라 각 계열사 및 현업 팀장들이 보다 더 중요한 영역과 보다 덜 중요한 영역이 있음에도 불구하고 동일한 영역으로 평가하는 것에 대한 의문을 제기하였다. 또한, 채용담당자들은 인성 및 적성 검사에 대한 지원자들의 철저한 사전 조사와 문제 풀이 연습으로 한번 출제한 문항을 사용하기 어렵기 때문에 지속적인 문항 개발 및 문항 관리가 주요 관심사였다. 우선 각 계열사 및 현업 팀장들의 니즈를 반영하여 채용 직무분야별, 계열사별 성과와 직결되는 주요 항목을 도출하여 가중치를 적용하여 평가 결과를 산출하는 방향으로 개선을 진행해나갔다. 동시에 인성 및 적성검사 개발 전문가 그룹을 통해 지속적 검사 문항 신규 개발과 함께 문제은행 방식의 문항 관리를 강화해나갔다.

면접전형의 개선

면접전형단계는 1차 실무면접과 2차 임원면접으로 구분하여 실시하였다.

1차 실무면접에서는 핵심가치를 검증하는 핵심역량면접과 직무역량을 검증하는 직무역량면접으로 나누어 실시하였으며, 2차 임원면접에서는 지원동기, 주요 핵심가치에 대한 심층면접을 실시하였다. 그러나 1차 실무면접뿐만 아니라 2차 임원면접에서도 면접질문, 평가요소 및 평가기준이 정해져있지 않아, 면접관들마다 지원자들에게 하는 질문내용과 질문시간이 다르고, 핵심가치에 대한 면접관들간 인식의 차이가 발생함에 따라, 전반적으로 면접의 객관성과 공정성이 결여되어 있었다.

또한, 지원자들은 A그룹의 면접전형에 대해 '강압적인 분위기로 군대식 문화가 강한 것 같다', '다대다 면접이다 보니, 질문을 많이 받지 않아서 제대로 평가받았다는 느낌이 들지 않았다', '심층적이고 체계적인 질문 내용이 타사 대비해 부족한 것 같다'와 같은 부정적인 인식을 하고 있었다.

이러한 상황에서 면접전형의 개선에 가장 많은 노력을 기울였으며, 개선 주요 방향은 그림 9-2와 같다.

그림 9-2. A그룹 면접전형 개선 주요 방향

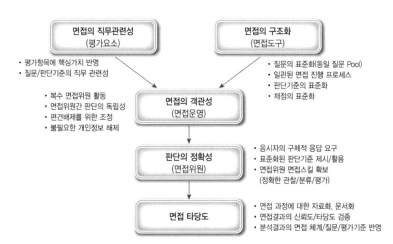

　구체적으로 1차 실무면접 중 핵심역량면접의 구조화를 위해 면접기법 중 가장 구조화된 방식인 경험행동면접(BEI)을 도입하였으며, 평가요소 및 평가기준을 명확히 규명하고, 평가요소별 8개 내외의 질문 pool을 구축하였다. A그룹은 초기에는 경험행동면접 질문 pool을 구축하였으며, 이후에는 경험행동면접(BEI)의 주질문은 유지하고, 해마다 면접관들의 의견을 반영하여 심층질문에 대한 보완을 실시해나갔다.

　직무역량면접의 구조화를 위해서는 시뮬레이션 면접 중 직무역량을 평가하기에 적합한 발표면접(PT)을 도입하였으며, 발표면접(PT)의 평가요소 및 평가기준을 명확히 하고, 지원자 발표 이후의 후속질문 pool을 구축하였다. A그룹은 발표면접(PT)의 도입시, 향후 발표면접(PT) 과제 개발방안에 대해서도 함께 고려하였다. 발표면접(PT)은 경험행동면접(BEI)과는 달리, 매 채용시 사용하는 과제를 새롭게 개발해야 하므로, 면접과제 출제 및 출제위원 관리가 중요하다. 그 이유는 경험행동면접(BEI)은 지원자의 경험에 따라 면접관의 심층질문이 달라져 면접 질문 노출에 따른 위험성이 낮지만, 발표면접(PT)의 경우, 과제 주제가 한번 노출되면 그에 대한 지원자들의 정보 공유와 사전 준비 가능성이 높아져 노출에 따른 위험성이 크기 때문이다.

　2차 임원면접은 기존에 평가하던 지원동기, 주요 핵심가치가 아닌 지원자들의 조직적합도를 평가하도록 평가요소의 재설계부터 실시하였으며, 실무면접과 마찬가지로 구조화된 경험행동면접(BEI)기법을 적용하였다.

　이와 더불어 설계한 면접체계 및 도구의 효과성을 높일 수 있도록 지원자 1인당 면접시간을 늘렸으며, 이를 위해 면접관의 pool을 확대하였다. 또한 확대된 면접관 pool이 객관적인 평가가 가능하도록 면접매뉴얼을 개발하고, 면접관 기본 및 심화교육을 실시하였다.

과학적 선발체계 적용 효과

첫째, 일반적인 학업능력이 우수했던 인재, 즉 학벌과 학점이 높은 유사한 특성을 지닌 인재 중심의 선발에서, 다양한 배경과 능력을 지닌 인재들, 채용 직무분야별로 요구되는 능력을 갖춘 적합한 인재의 선발로 현업 팀장들의 신입사원 업무 수행에 대한 만족도가 높아졌다. 과학적 선발체계 적용이후 들어온 인력들의 수행에 대한 타당도 조사를 실시하지는 못했지만, 현업 팀장들을 대상으로 한 설문조사 결과, 이전에 들어온 지원자들에 비해 업무수행능력이나 적응력이 좋아졌다는 평가를 하였다.

둘째, 과학적이고 체계적 방식의 평가요소 및 평가도구의 적용, 평가자(면접관) 훈련을 통해 선발 및 인력관리의 타당성이 증대되었다. 채용의 각 단계별로 중요하지 않음에도 불구하고 중복적으로 평가되고 있는 요소를 제거하고, 중요함에도 불구하고 평가되지 않은 요소를 추가함에 따라 직무에 적합한 인재 평가의 타당성(정확도)이 높아졌다. 또한, 개발된 표준화 면접도구를 효과적으로 활용할 수 있도록 면접관의 역량을 강화하고, 면접관들간의 눈높이 맞춤화를 실시함에 따라 면접 결과의 타당성이 높아졌다.

셋째, 지원분야의 직무를 수행하는데 필요한 능력을 채용의 전 단계에서 평가한다는 인식을 통해 지원자들의 채용 공정성 및 객관성에 대한 지각이 높아졌으며, 최종 선발 결과에 대한 지원자의 결과 수용도가 높아졌다. 즉, A그룹의 채용브랜드에 대한 전반적인 대외적 이미지가 제고되었다. 최종 합격자 뿐만 아니라 탈락자들을 대상으로 실시한 설문조사 결과, A그룹의 채용전형 및 절차, 채용브랜드에 대한 긍정적인 반응이 주를 이루었으며, 채용의 공정성 및 객관성에 대한 지각이 높아졌다.

ORP연구소 Selection Center

ORP연구소 Selection Center는 조직에 적합한 인재를 타당하고 공정하게 선발할 수 있도록 선발 역량모델링, 직무 및 직무요건 DB제공, 선발체계 설계, 면접설계 및 도구개발, 면접위원 육성교육까지 인재선발에 대한 TOTAL SOLUTION을 제공합니다.

🗂 사업영역

- **선발컨설팅** : 과학적 인재선발에 관한 최상의 컨설팅을 제공하며 선발 시스템 구축, 선발 역량모델링, 선발프로세스 설계, 선발도구 설계, 평가방안 설계, 타당도 연구 등에 대한 서비스를 제공합니다.
- **선발도구개발** : Right People 선발을 위한 타당도 높은 최적의 선발 도구를 제공하며 선발트렌드에 부합하는 최신 평가기법을 연구하여 타당성이 입증된 평가기법을 적용하여 최적의 맞춤화(Customization) 서비스를 제공합니다.
- **선발교육** : 선발 컨설팅의 경험을 바탕으로 과학적 이론에 기반한 전문적인 내용을 실습을 중심으로 강사와 전문 퍼실리테이터의 운영으로 실제적인 역량을 증진할 수 있도록 교육을 진행합니다.
- **선발 서비스** : 고객사의 니즈에 따라 직무역량정보시스템이용, off-the shelf형 면접도구 판매, 면접위원 파견, 면접위원 평가, 면접 위탁운영 등의 다양한 서비스를 제공합니다.

🗂 주요교육과정

- **Basic Course**
  채용전문가 과정
  HR 통계분석 과정
  심리검사 전문가 과정
- **Advanced Course**
  면접전문가 과정 (한국 어쎄서 협회 인증과정)
  Certified Assessor 과정 (한국 어쎄서 협회 인증과정)
- **Professional Course**
  Professional Assessor 과정 (한국 어쎄서 협회 인증과정)
  Hogan 검사 활용(한국 어쎄서 협회 인증과정) 과정

ORP연구소 심리검사 Center

ORP연구소 심리검사 Center는 선발, 배치, 평가, 교육/훈련 등 다양한 HR 분야에서 심리검사를 효과적으로 사용할 수 있도록 검사도구를 개발하고 활용방안을 연구하여 객관적인 기업용 심리검사 서비스를 제공합니다.

📁 사업영역

- **선발 인성검사** : 조직과 직무의 특성과 개인의 특성간 부합도에 대한 포괄적 정보를 수집·평가하여 성격, 가치관, 동기, 일에 대한 태도 등의 인성 정보를 제공합니다(인재상, 핵심가치, 핵심역량 등).
- **선발 적성검사** : 직무수행에 요구되는 기초인지능력 및 특수인지능력의 객관적 정보를 수집하여 직무적성 정보를 제공합니다(언어력, 수리력, 문제해결력, 지각력 등).
- **NCS직업기초능력평가** : NCS(국가직무능력표준) 직업기초능력 10개 역량에 대한 수준별 평가 도구를 산업별/직무별 맞춤화된 서비스로 제공하고 있습니다.
- **NCS직무수행능력평가** : 특정 직무에서 실제 수행하고 있는 직무 관련 지식, 기술, 태도를 평가가 가능한 검사 형태로 구성할 수 있도록 컨설팅 프로세스를 제공하고 있습니다.
- **역량진단** : 조직과 직무, 직위에 요구되는 역량을 정의하고 해당 역량의 잠재력 및 발휘 특성을 진단합니다(Hogan Assessment).
- **리더십 개발** : 리더십의 다양한 측면(리더십, 사업관리, 관계관리, 자기관리)에 대한 진단 및 피드백을 통해 리더십 향상 솔루션을 제공합니다(Hogan Assessment).
- **다면진단(360도 피드백)** : 한 개인을 다양한 관점에서 종합적으로 평가할 수 있는 도구로써 보다 객관적인 개인의 평판(reputation)을 진단할 수 있는 솔루션을 제공합니다.

📁 주요교육과정

- HRM 담당자를 위한 심리검사 활용 과정
- HRD 담당자를 위한 심리검사 활용 과정
- Hogan 진단을 통한 리더십 향상 과정
- Hogan HDS Risk Management 과정
- Certified Hogan Assessment Workshop

| 집필자 |

오 동 근 산업조직심리학 박사
ORP연구소 부대표

강 승 혜 산업조직심리학 석사
ORP연구소 책임연구원

이 도 연 산업조직심리학 석사
ORP연구소 선임연구원

최 정 락 산업조직심리학 석사
ORP연구소 선임연구원

고 득 영 산업조직심리학 석사
ORP연구소 주임연구원

류 승 아 산업조직심리학 석사
ORP연구소 주임연구원

이 진 복 경영학 석사
ORP연구소 주임연구원

김 용 운 산업조직심리학 박사수료
ORP연구소 이사

유 희 재 고분자공학 석사
ORP 연구소 이사

석 현 영 산업조직심리학 박사수료
ORP연구소 부대표

이 영 석 산업조직심리학 박사
ORP 연구소 대표

Selection : 과학적 채용을 위한 Guidebook

초판 1쇄 발행 2016년 4월 1일

지은이 ORP연구소
펴낸곳 ORP프레스
펴낸이 이영석
출판등록 2003년 4월 3일 제 321-31900002510020030015호

기획편집 유희재
마케팅 영업 김지애
디자인 동아사
인쇄 동아사 02-815-0876

주소 서울시 서초구 서초대로 67,3층(방배동, 성령빌딩)
전화 02-3473-2206
팩스 02-3473-2209
홈페이지 https://selectioncenter.orp.co.kr (ORP연구소: https://www.orp.co.kr)
이메일 selectioncenter@orp.co.kr

ISBN 978-89-965141-9-0

값 10,000원